縄文土器・土偶

井口直司

角川文庫
21008

〈後ろ〉

Photo *T.Ogawa*

図版1 **井戸尻系土器　中期** 【高 37.5cm】

Idojirikeidoki

原町農業高校前遺跡・山梨県北杜《ほくと》市　山梨県立考古博物館所蔵

口縁部と底部の器面は無文で研磨され、胴部上半に神秘的な精霊体文様が描き込まれている。正面の造形をカエルやイノシシに重ねられることもある。謎めいた奇妙な意匠だが、この土器唯一の表現ではない。図版 27・28 に共用性をみる。

図版2 井戸尻系土器　中期 【高 57.5cm】

Idojirikeidoki

津金御所前遺跡《つがねごしょまえ》・山梨県北杜市　北杜市教育委員会所蔵

　顔面把手《とって》付土器。出産の瞬間を表現した出産文土器、あるいは誕生土器と呼ばれる。胴部中央の「誕生」する顔面に対し、顔面把手と土器全体が「母体」を意味する可能性がある。

図版3 **馬高式土器　中期** 【高 29.3cm】

Umadakashikidoki

馬高《うまだか》遺跡・新潟県長岡《ながおか》市　新潟県長岡市教育委員会所蔵

火焔《かえん》土器。日本海側の雪国に誕生した土器。土器の口縁部を守護するように囲む４つの大きな装飾把手が、火焔の表現効果を高めている。隆帯の造形に徹した重厚で朴訥《ぼくとつ》な土器。1963 年、パリの「日本古美術展」に出展された。

図版4 **曽利式土器　中期**【高 43cm】
Sorishikidoki
曽利《そり》遺跡・長野県富士見町《ふじみまち》　井戸尻考古館所蔵
田枝幹宏氏撮影

環《わ》と渦巻きを連ねた巨大な装飾把手が、眩《くるめ》く湧き上がる水流をイメージさせることから、水煙土器と呼ばれる。1963年にパリの「日本古美術展」に出展され、郵便ハガキ（切手部分のデザイン）にも採用された。胴下部から底部は推定復元。

〈前〉

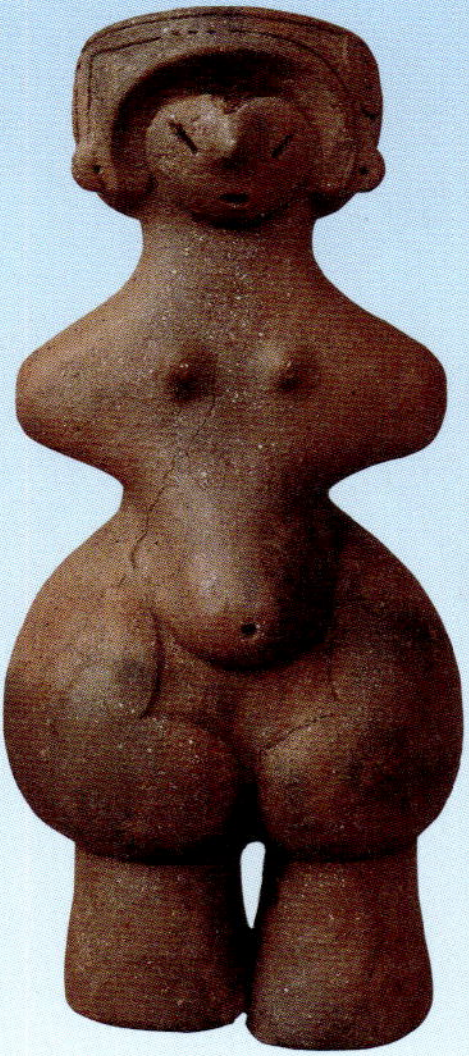

〈横〉

〈後ろ〉

図版5 **仮装化身形土偶　中期**【高 27cm】

Kasoukeshingatadogu

棚畑《たなばたけ》遺跡・長野県茅野《ちの》市　茅野市尖石《とがりいし》縄文考古館所蔵（国宝）

滑らかなラインの造形で腹部を膨らませ、豊かに張りのあるお尻《しり》と脚がしっかりと支えている。飾らないことが、皮膚のような柔らかさに温もりさえ醸し出す。後頭部の頭頂に小孔がある。羽飾りのようなものを差し込む穴と考える研究者もいる。

図版6 **胎内形化身土偶　中期** 【高 25.5cm】

Tainaigatakeshindogu

鋳物師屋《いもじや》遺跡・山梨県南アルプス市　南アルプス市教育委員会所蔵

筒形土偶。竪穴《たてあな》住居跡の壁際から出土。縄文時代の中期に北陸から中部にかけた地域に登場し、しばらくの間を置いた後、後期になり中部から関東東部にかけた地域を中心に日本海側から太平洋側へと地域を変えて再登場する。

図版7 **偶像形土偶　後期**【高 30.5cm】

Guuzougatadogu

郷原《ごうはら》遺跡・群馬県吾妻《あがつま》郡 東 吾妻町《ひがしあがつままち》（旧吾妻町）　個人蔵（重文）

画像提供：東京国立博物館　Image:TNM Image Archives

顔の形からハート形土偶と呼ばれる。墓壙《ぼこう》内から副葬品のように発見された。人のようで人ではない、すべてが奇抜な造形だが、乳房とヘソ、正中線は明確に表現されている。

図版8 **装身仮装形土偶　後期** 【高 20.2cm】
Soushinkasougatadogu
真福寺《しんぷくじ》貝塚・埼玉県岩槻《いわつき》市　東京国立博物館所蔵
Image:TNM Image Archives

容貌《ようぼう》からミミズク土偶と呼ばれる。後期の関東地方で数多く出土する土偶の典型例。頭部は結髪《けつぱつ》状で、目・口や耳《みみ》朶《たぶ》にあたる部分に円をあてるのが特徴。全体に赤色顔料が塗布されていた痕跡《こんせき》を残す。

はじめに

縄文時代と聞いて、何を思い浮かべるでしょうか。

原始時代。狩猟・採集、土器や石器？　高度な技術と文化。文明？　縄文時代は、日本の歴史の基盤となる時代です。ところが近年、さまざまな遺跡の発見と考古学や関連諸科学の進歩により、縄文時代や縄文人のイメージが変わり始めているようです。

縄文時代とはどんな時代だったのか、縄文らしさとは何なのか、改めて考えてみると、「縄文土器」「縄文土偶」、そして「日本列島と風土」というキーワードが浮かんできました。

本来人間は、風土に適応して暮らすことに長《た》けています。暮らす土地や生活領域を選び、必要に応じた人間の可能性を拓《ひら》くことを繰り返してきました。自然と深くかかわり、精霊に扮《ふん》して命ある万物と融合した人たちもいたようです。

そして、人間同士の交流を活発化させ、人間優先の意識を高め、次第に自然界と乖離《かいり》していきました。

地球上の自然界の動物は、羽や牙《きば》や皮膚など、自らの身体を変え、機能を変えることで存在しています。一方、人間は道具と共に存在しています。そのため道具には人間のルーツが内在しているのです。

日本列島は環境と地域色の多様さを持ち、道具にも個性が現れます。特徴的な道具にはそれを生み出した地域の事情が深くかかわっています。そのため、道具と地域との関係を把握することには重要な意味があります。

縄文時代の道具が私たちに投げかけるもの、それを手繰り寄せることにより、日本という国の歴史的な絆《きずな》や日本列島人の心など、過去に埋伏している大切な何かに触れることができるのではないか。そんな期待を本書の主旨に重ねてみたいと思います。縄文土器と縄文土偶を入口に、日本列島という舞台を踏まえながら、不思議な道具の物語を紐解《ひもと》くことにします。

縄文土器・土偶

目次

目次

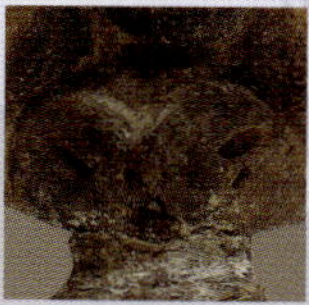

Ⅳ 縄文に学ぶ 193

I

日本列島と縄文時代

1　日本列島の特性

はじめに、日本列島の着目しておきたい特徴を挙げてみます。

①北半球の北緯30度から45度ラインに位置していること（第1図）。気候が適度に変化し、四季（春夏秋冬）が繰り返される。

②世界最大のユーラシア大陸の東岸に近接する「弧状列島」であること。大陸に対して南北に長く、しかも弓なりに連なっているため、北と南の地に接点を残す。また日本海という特殊な内海を抱いている。

③世界最大の海洋に直面し、加えて暖流と寒流に囲まれていること。海によって隔離されており、暖流・寒流の循環とその交わりがある（第2図）。

④複数のプレート活動の営力によって形成された火山列島であること。地震や噴火、津波など、人知を超えた地球の循環活動が身近に起きる。

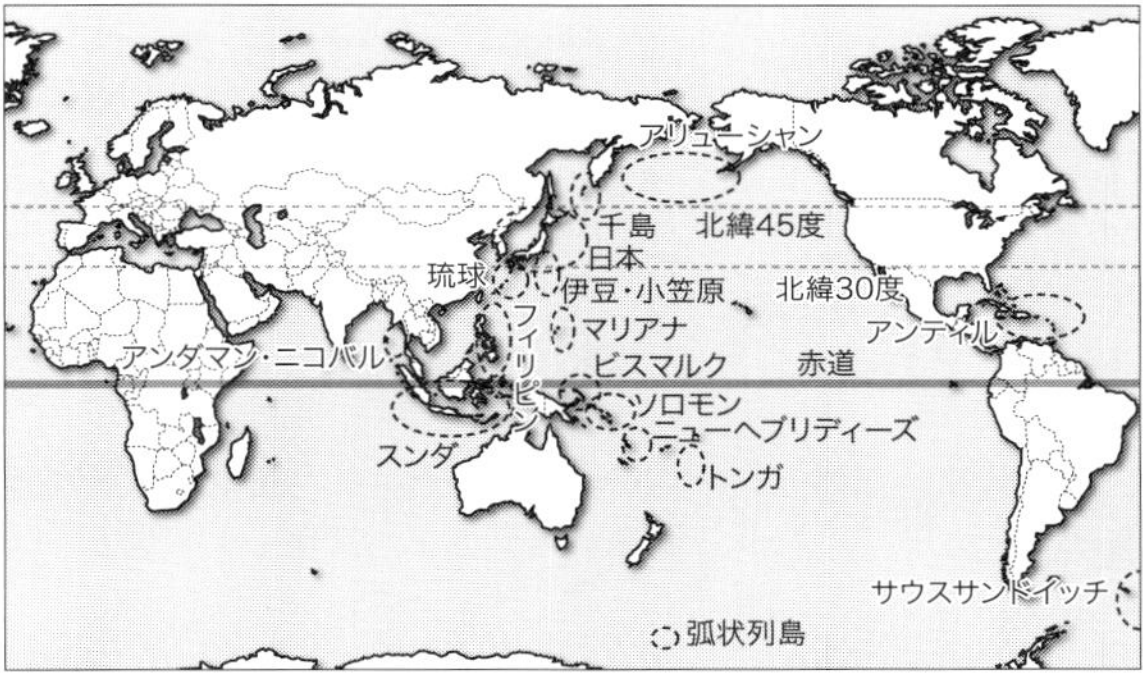

第１図　地球上における弧状列島の分布（環太平洋に偏在）

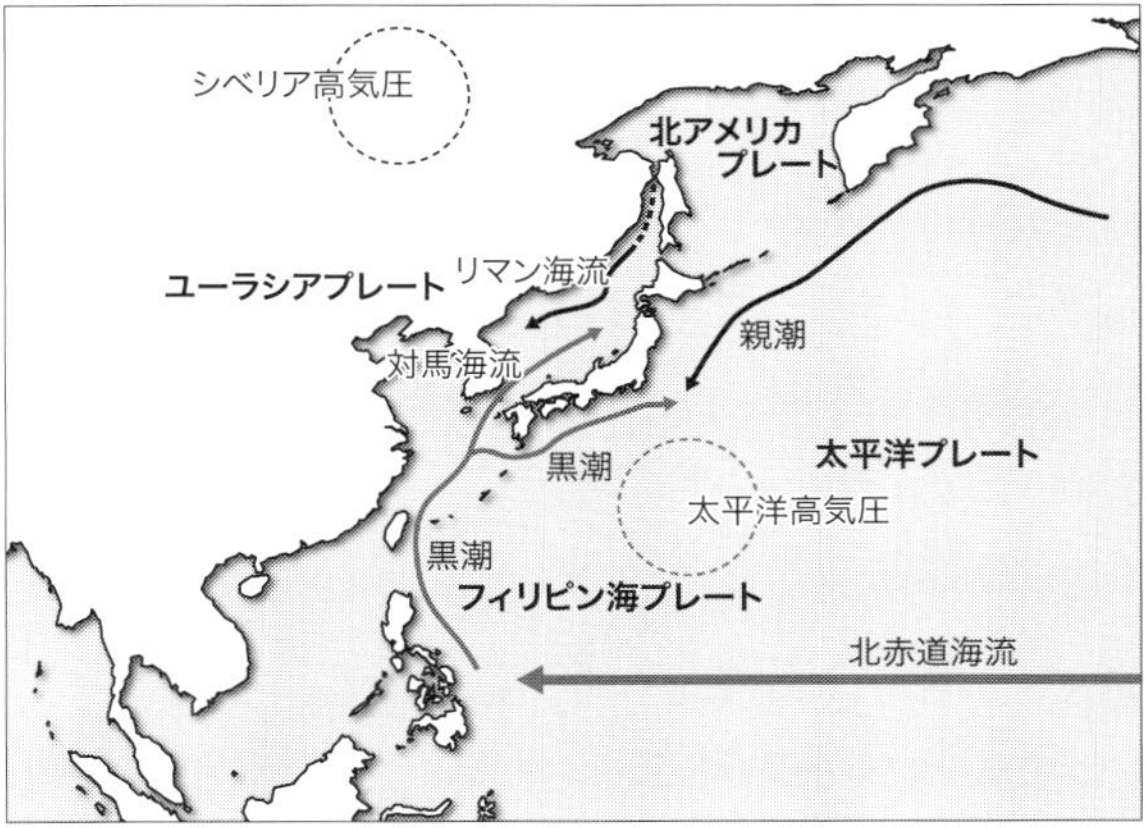

第２図　日本列島と海流・プレート

この他に、「地球上の位置」という点からも面白いことに気づきます。それは、世界最大の大陸と世界で最も広い太平洋、東西に横たわる世界最高峰のヒマラヤ山脈の存在です。

毎年春に始まるモンスーンと呼ばれる現象は、季節の変化に伴う海風と山風のせめぎ合いです。大陸の南側では、インド洋から吹き込む湿った海風に対してヒマラヤが屏風《びょうぶ》となり、湿潤な雲を発達させます。それが偏西風や前線に影響を与えることで日本の梅雨と深くかかわり、多量の雨をもたらします。

シベリアの冷たい空気と、太平洋から吹き込む暖かく湿った空気は、ぶつかり合い、押し合いながら季節を変えてゆきます。

日本列島に向かって吹き込むシベリアの空気は、暖流（黒潮）の流れ込む日本海の暖かい海水温に接して水蒸気を含み、日本海側に大雪を降らせて世界屈指の積雪地帯を生み出します。

太平洋のエネルギーは強い上昇気流を発生させ、誕生した台風は暖流のコースをたどります。

暖流は、北赤道海流が大陸に当たって北へ向きをかえたもので、北半球の今ある位置でなければ接することはありません。

寒流は、海流の太平洋北部循環と巨大大陸の北方圏（アムール川の冷水）によりもたらされます。

いずれか一つでも要素が欠けたら、現在私たちが暮らす、この日本という国の風土は成立しないのです。

２　縄文のマザーランド

日本では、本州・北海道・九州・四国・沖縄本島を本土と呼び、他の六千数百の陸地（周囲１００ｍ以上）を離島と呼びます。

世界と比較しない限り、日本人は本州を島とは呼びません。世界基準では、グリーンランドとそれより小さい陸地が島で、オーストラリア以上を大陸と呼びます。日本で最大の陸地である本州の面積（約22万７０００㎢）は、グリーンランド（面積約２１７万６０００㎢）の約10分の１です。

日本は島国です。しかも細長い。

地図上で日本列島が最も幅広く見える部分、例えば日本海をのぞむ新潟県の柿崎《かきざき》から太平洋をのぞむ千葉県の九十九里《くじゅうくり》浜《はま》でも、その距離２６０㎞程度。しかも中央部には２０００〜３０００ｍの山脈が屏風となって日本海と太平洋を

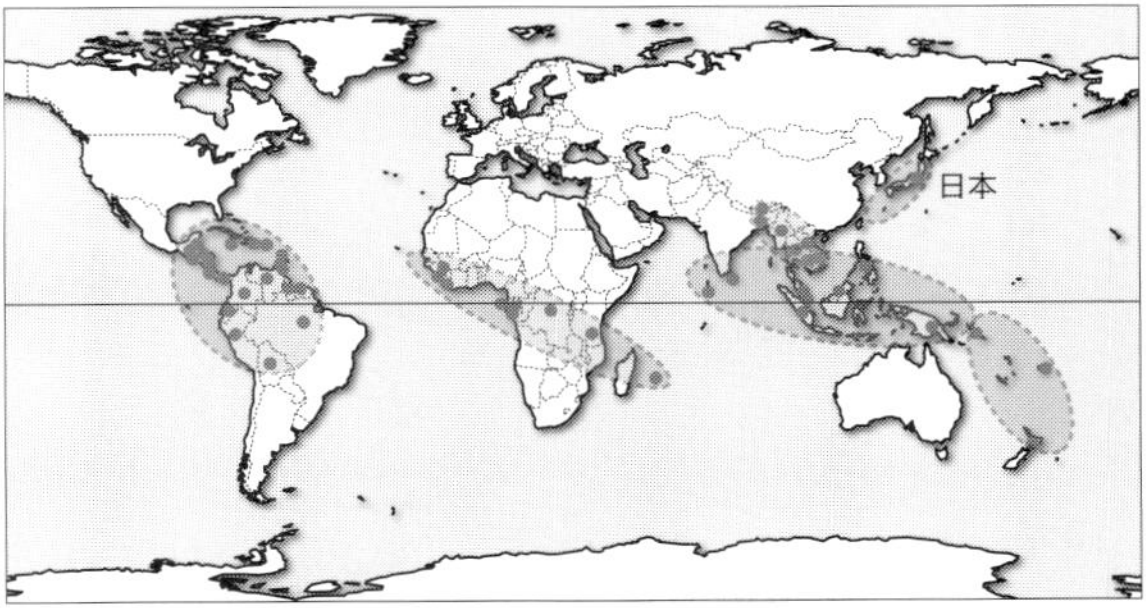

第3図　地球上における雨の多い国（平均雨量：世界ベスト50）

区切っています。柿崎の海岸から山頂の１つとなる谷川岳《たにがわだけ》までのわずか70㎞の間に海から山へと２０００mを急登するため、環境が著しく変化します。

日本列島は、南北に延々と連なります。オホーツク海をのぞむ紋別《もんべつ》市から九州南端の鹿児島まで２０００㎞を超えます。

気候は、地理的な特徴から、日本海側・太平洋岸・瀬戸内海・中央高地で明らかな違いが現れていますが、基本的には冷帯・温帯の湿潤気候に属します。雨が多く降ります。

世界の雨が多い国は、赤道周辺に偏在するのですが、唯一、日本はその地域を外れています（第3図）。世界の平均的な年間雨量は約880㎜。日本はその倍の約1700㎜で、水に恵まれています。

南北に細く長く連なった弧状列島には、大陸に近接する南北の地、日本海側と太平洋側、列島中央の関東甲信越、さらに山地・丘陵・台地・河川・平野・海浜などが、限られた狭い陸地に凝縮されています。そのため、変化に富んだ環境と豊かな生態系が生み出されているのです。

見落とすことができないのは、日本弧状列島そのものが地球規模の地殻変動による造山活動により成立したという特性です。現在、地球上で確認されている火山の約1割が日本弧状列島に集中しているほどで、火山活動がとても盛んです。それが日本列島の風土に、「人知を超えた目にすることのない巨大な力」を重ねています。

日本列島と周辺に生息する大型哺乳類《ほにゅうるい》に、クマ類・シカ類・クジラ類がいます。加えてサル・オオカミ・カワウソ・アシカなどがいます（いました）。注目されるのは、固有種の占める割合が高いことです。それが、大陸に対して隔離性をもつ島であることの証《あかし》となっています。

興味深いのは動物たちの「雑食性」です。陸棲《りくせい》の大型・中型動物は、すべて雑食で、いろいろなものを食べます。唯一、草食獣としてはシカ類がいます。

鳥類では陸鳥より水鳥が多く、約1万種が生息しているとされる世界の野鳥の9割が陸の鳥であることと比べると、日本列島が水と深くかかわる島であることが証明できます。

あえてとりあげておきたいのが、ヘビ・カエル・イモリ・サンショウウオなどの爬虫類《はちゆうるい》や両生類、昆虫類の存在です。数も種類も多く、蛇にはマムシのように毒を持つものもいて、人間にとって無視できない存在です。

水といえば川と海。三陸《さんりく》海岸沖から千島《ちしま》列島が世界三大漁場の一つであることはよく知られています。暖流と寒流に加え、広い大陸棚や複雑な海岸線などが関係しています。近年の調査により、日本弧状列島近海は、世界的に最も多くの海洋生物が生息していることが分かっています（約3万3000種）。また、無数の川が海に流出する海浜部には多くの貝類がいます。

「日本の歌百選」に選ばれた童謡「汽車」（作曲大和田愛羅《おおわだあいら》・作詞不明）は、「今は山中　今は浜／今は鉄橋渡るぞと／思う間もなくトンネルの／闇を通って広野原」という、目まぐるしく変わる車窓の景色を唄《うた》い、日本列島の凝縮された多様性ある自然景観の特徴をみごとに表現しています。

「島」には、外界からの隔離性と環境の凝縮性があり、隔離は個性と熟成を、凝縮された環境は多様性を生み出します。加えて活発な火山活動は、台地を揺るがす地震や噴火など、人知を超えた自然の力と驚異を身近に引き起こします。それが「縄文のマザーランド」（母なる日本列島）の特性を生みだす根源にあるのです。

3　縄文時代の特徴

「縄文時代」は、縄文土器から派生した日本考古学用語で、縄文土器が使われていた時代を指します。大まかには、一万数千年前から二千数百年前までの約1万年の時代区分と、草創期・早期・前期・中期・後期・晩期という6つの時期区分が与えられています（第4図）。

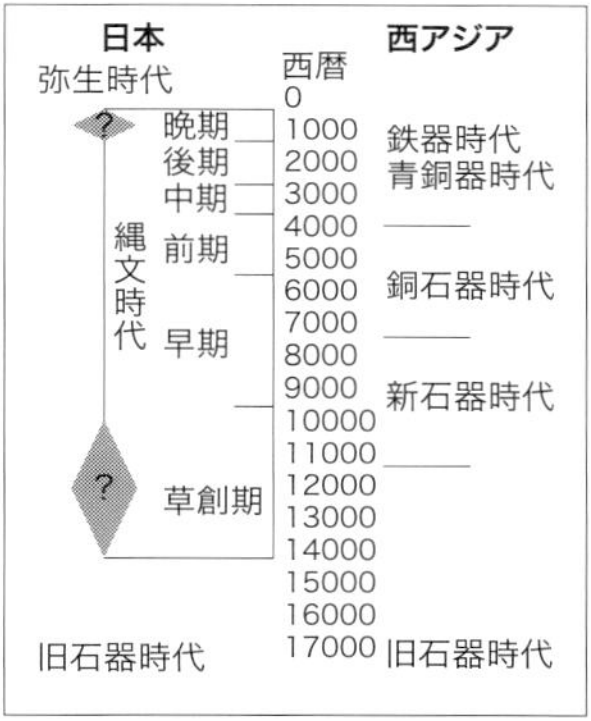

第4図　縄文時代の時期区分

縄文時代は、旧石器時代に続く新石器時代にあたります。農耕や牧畜を行うことはなく、採集・漁撈《ぎょろう》・狩猟の生活であったため、世界史の新石器時代に適合しません。

世界史でいう新石器時代は、農耕・

牧畜社会であり、「人間自らによる食料生産」の時代です。人類史上における農耕は、日本列島が寄り添う巨大大陸の西アジアと東アジアにおいて、早くは縄文時代早期に麦や米や雑穀類の栽培が行われ、牧畜も始まっています。

縄文時代も、磨製石器や土器の製作使用、様々な規模や内容をもつ集落、墓地や建築物、高度な物づくりの技術や物々交換を背景に、クリやイノシシなど、特定の動植物に意図的にかかわった形跡から、生活・技術・文化は新石器時代の段階にあるといえます。しかし、縄文時代と世界の新石器時代とは、その基本的な部分において明らかな違いを指摘することができます。

新石器時代を支えたのは、雑穀類や米など、人間が意図的に選んだ食べ物の集中的な栽培と増産です。そのエネルギーは、自然からの離脱に始まり、人間の望みを優先させた自然に対する挑戦へと向かいました。

それに対し、縄文時代は植物を採集し魚貝を採り、動物を狩る暮らしでした。その生活の原則は、自然環境のバランスを崩さないこと。自然環境に配慮しながら、「いろいろなもの」を「少しずつ」を基本に、食べられるものを探し、あるいは「食べられるように」する。基本は「雑食」です。

縄文時代は、日本独自の時代区分です。食料の採集時代が極めて長く、国の成立が目立って遅い点など、歴史上確かな存在として位置づけられるのは日本列島史に限られます。また、1万年を数える長期時代区分は、同一時代に地球規模の気候変動を含みます。

地球の循環は、気候の寒暖による海水面の上昇と下降を引き起こしました。氷河期は、寒冷気候による海水面の低下現象（現在の海水面より最大140m程低下）により日本弧状列島はアジア大陸と陸続きとなっていましたが、気候の反転（氷河期の終わり）に誘発された温暖化は、海水面を上昇させ、日本弧状列島と大陸とを切り離しました。

一万数千年前――。その時期に生活していたのは旧石器時代を生きてきた人たちです。仮に旧石器人と呼びます。旧石器人は、気候の変化に適応しながら少しずつ生活を変え、道具を改良し、さらなる創意工夫を繰り返しました。その人間の営みから作り出されたものの一つに「土器」があります。

人類史上「最初の土器」は、東アジア一帯から発見されています。最初の土器による生活の変化は、時代と時代とを繋《つな》ぐ絆です。

氷河時代が終わっても気候の変動は繰り返されました。なかでも、縄文時代早期の終わりから前期の初め頃の温暖化（約6500年前がピーク）は、海水面の上昇が大きく、海岸沿いの沖積地に大きな影響を与えました。これは、縄文海進と呼ばれています。繰り返される気候変動と海水面の上昇下降現象による海成浸食は、海岸線を複雑にし、豊かな水辺の幸をもたらす日本列島の姿を整えました。

いま、私たちが暮らす日本列島の自然環境は縄文時代に成立したものです。その母なる日本列島（マザーランド）の風土に適応した人間の暮らしの証、それが縄文時代なのです。

4　縄文時代の始まりと終わり

縄文時代はいつから始まるのか？　この問いへの答えは簡単ではありません。時代の大きな変化にはそれなりの準備期間を伴います。その準備期間をめぐって、研究者の間で論戦が交わされています。

縄文時代の時代区分の鍵《かぎ》となるのは「縄文土器」です。

日本列島で最も古いのは草創期の土器群です。仮に、日本列島に生活していた人々が初めて土器作りをしたのであれば、それはまだ土器のなかった時代、つまり旧石器を使っていた人々が土器を発明した可能性を意味します。そこに新しい問題が生まれます。

最初に作られたその土器を「縄文土器」とすべきかという問題です。

日本列島は東アジアにあるため、歴史上、土器の登場が早いのです。その世界最古段階の土器は、急速にその姿を消していく旧石器最終末の石器群と共に発見されています。

研究者の見解は複雑です。大まかに2つの考え方があります。

一つは、土器の出現をもって時代の画期とする考え方です。最初の土器を縄文土器とし、草創期を縄文時代とします（第4図）。

もう一つは、縄文時代の生活基盤となる生業活動が確立される以前の土器は縄文土器でなく、「土器発生期の土器」であるとする考え方です。草創期を含めず、縄文時代を早期からとします。つまり、「土器の発生」に「生業の確立」という条件が加えられているのです。

縄文時代の生業の確立は、旧石器時代の狩猟・採集に「漁撈」という海へのかかわりが加わって定着することをいいます。

縄文時代の始まり。それは時代が大きく変化する準備期間をめぐる「草創期」の論戦となっており、いまも研究者間で見解の統一がなされていません。

では、縄文時代の終わりはどうでしょうか。

それは、縄文時代から弥生《やよい》時代へと時代が変わろうとする時点、つまり弥生土器と縄文土器との接触期となります。気になるのは、より早く弥生時代となった西日本と、東へ行くほど、そして北へ行くほど縄文から弥生への移り変わりが遅れるという地域性です。

弥生時代の曙が早いとされる九州地方の縄文土器終末の晩期土器群は、弥生土器に特徴的な壺《つぼ》・甕《かめ》・高坏《たかつき》・蓋《ふた》などが少しずつその数を増すとともに、縄文的な鉢類が減少します。そして弥生的な壺類が増え、壺・甕・高坏・蓋などが一組になった弥生土器に代わります。継続的に変化しているのです。

ところが、九州北部において、最後の縄文土器を伴う水田遺構が発見され、事情が変わりました。稲作の開始をもって弥生時代とするなら、稲作にかかわる縄文土器は弥生時代に所属するのかという問題が発生したのです。さらに、九州の縄文時代後期の遺跡からイネ科植物の可能性がある物質が検出されたという事例もこれに加わりました。

始まりと同じように、終わりも土器と生業では時代区分が一致しないのです。北九州における晩期の縄文土器と弥生土器との接触部分に継続性があることを先に説明しましたが、継続とは、「ここまでが縄文で、ここからが弥生」という線引きが明らかでないことを意味します。そこに日本列島の地域色、つまり東・西の違いが重なり、時代名の曖昧さと謎が加わります。

縄文時代の後期・晩期に西日本と明らかな違いをみせるようになった東日本では、深鉢を主体に浅鉢・皿・壺・注口・香炉など多種多様な形が成立しました（図版15）。技巧を凝らした文様を持つ縄文土器が発達し、弥生土器と共通点の多い西日本の土器群とは対照的です（図版14）。

ところが、奇妙なことに関東甲信越・東北という日本列島各地の土器群すべてが、それぞれの地域に見合った状態で縄文と弥生との継続性が保たれ、西日本とは姿形の異なる弥生土器が誕生しているのです。

これはどういうことなのでしょうか。

日本列島の各地に地域色を持つ土器群の間にあるそれぞれの継続性は、縄文土器が弥生土器という新たな土器群に入れ替わったのではないことを意味します。各地域の特徴を根っ子に残しながら、混じり合うかのように弥生土器を吸収しているのです。つまり、弥生土器は、日本列島各地域の縄文土器を土台にした、「地域色のある弥生土器」として日本列島に分布圏を広げたと考えられます。

縄文と弥生という時代の画期に認められる興味深い現象は、縄文時代だけではなく、日本列島に押し寄せる新たな文化に対して繰り返し見出《みいだ》すことができます。この「過去の根を残して新たな時代を吸収する」というのは、時代を超越した日本列島史独自の特性として注目されるのです。

II

縄文土器ものがたり

1　縄文土器の二極化

縄文土器の「縄文」は、明治時代に来日したアメリカの動物学者、エドワード・S・モースが、東京・品川《しながわ》にある大森《おおもり》貝塚の土器の縄目文様の説明に使用した「cord mark」が語源です。それが和訳され、慣例的に使われるうちに定着し、「縄紋」から「縄文」となりました。学術用語ですが、その意味に曖昧《あいまい》さを含んでいます。

縄文土器すべてに「縄文（縄目文様）」がつけられているというわけではありません。「縄文時代の土器」という広義の意味が与えられているので、縄文がない土器も同じく縄文土器と呼ばれます。

日本列島で最も古い土器は、草創期の土器群です。

図版9は、爪形文《つめがたもん》土器と呼ばれる草創期末の土器です。口縁部から底部まで

全体がわかる希少な資料です。北海道から九州まで幅広く分布しており、日本列島に土器が定着したことを示す重要な存在です。この土器群に後続するかたちで、多縄文土器という「縄目の文様」を型式の特徴とする土器群が現れます。少なくともそれまでは、縄目のつく土器は存在していません。

草創期から早期までの土器は、口縁が平らで単純な深鉢形をしたものが多く、東アジアの土器群と比べても、日本列島の縄文土器として際立った個性は現れていません。底部の形は尖底《せんてい》かまたは丸底と考えられていますが、残存率が低いために明らかではありません。

早期の終わり頃になると、平らだった口縁に波のような起伏をつけた波状口縁や、帯状にした粘土を貼り付けた隆帯文など、器の形や文様が変化する兆しが現れます。

前期は底部が平底となり、それまでなかった浅鉢類（図版10①）などが作られるようになります。粘土の造作と焼き上げの技術が飛躍的に向上し、次々と新しい形が出現します。特に口縁部に対する強い意識の表れとして、変形や装飾が土器の口周りに集中するようになります。容器としての機能を逸脱する奇抜な装飾文様には目を奪われます（図版10②）。

図版11は、前期の縄文土器ならではの逸品です。良質の素地土を使い、高度な技術で成形され、器のかたちに合わせた構図の幾何学的な文様が技巧を凝らして施されています。土器作りに必要な知識や技術が極めて高いレベルに達していることを示す好例であるといえます。

中期の縄文土器は、日本列島各地で地域色を強めながら、形や文様の多様化が進みます。図版12は、九州・近畿《きんき》・中部・東北・北海道のいずれも中期の縄文土器です。

②・③は、隆起した装飾文様が発達することなく器の高さに対して胴部の膨らみが目立つ西日本と九州の土器。④〜⑥は、西日本と対極的な寒冷地特有の細長い円筒形が特徴的な東北や北海道の土器。①は、口縁部に隆起した造形文

様が加えられた中部地方の土器です。

後期になると、東・西日本の違いがはっきりと現れます。東日本の土器群は技巧を凝らした文様が土器のかたちと一体化し、器種の多様化が進みます。一方、西日本の土器群は文様をつけずに器面の研磨を重視する傾向を強め、実用性を優先させた製作技術を発達させます。

図版13は、東日本の後期縄文土器の典型例です。器の機能を逸脱する隆起性に富んだ口縁部の造形は、波打つ波状口縁の頂部にわずかに残るかたちで埋伏し、土器の形と文様の美とを融合させた、晩期土器群の草分けとなる特徴をみせています。

晩期になると、西日本の磨研土器群（**図版14**）、東日本の亀ケ岡《かめがおか》系（大洞《おおぼら》式）土器群に代表される技術の粋を結集した素焼土器が完成します（**図版15**）。

以上のように、縄文土器は、日本列島の中央部付近を要とする東・西の二極化に向けて確実に進化していることが分かります。

さて、縄文時代史に奇妙な事件がおきます。

現在までのところ、縄文時代の遺跡は圧倒的に東日本で多く発見されています。しかし、中期末を境に、関東甲信越地域を中心に霧散するかのごとく台地上の遺跡が消えてしまうのです。

縄文時代の中期から後期の間に、東日本で何かが起こった——。

研究者は、気候の寒冷化に伴う人々の活力の低下を指摘します。しかし、縄文土器は、縄文時代後期以降も技術力を高め、東・西それぞれが独自の素焼土器文化を完成させています。

その「土器作り」にあてられた技巧と技術は極めて高く、なかでも漆塗土器などは今日の伝統工芸と肩を並べるほどです（図版16・17）。

縄文土器には技術や文化に対する抑止力が働いた形跡は見出《みいだ》せません。

東日本における遺跡数の激減と、縄文土器の継続的な進化は相反する動きであり、縄文時代史には重大な謎が隠されている可能性があります。

図版9 **爪形文土器　草創期** 【高 28.6cm】
Tsumegatamondoki
下宿《しもじゅく》遺跡・群馬県太田《おおた》市　写真提供　太田市教育委員会

爪形文土器の典型例。爪形文様は、人の爪や棒や篦《ヘラ》などの先端部分を利用してつけられている。この土器の爪形は、２つに分かれた施文具の先端部を斜めに押しつけたもの。尖底部の先端が乳頭状に突出した形の底部は、古い土器に多い。

図版10 ① **有孔浅鉢**（諸磯式土器） **前期** 【高 11.8cm】
Yuukouasabachi
上浅野《かみあさの》遺跡・長野県長野市（旧豊野町《とよのまち》） 写真提供 長野市教育委員会

図版10 ② **諸磯式土器**（底部欠損推定復元） **前期** 【高 22cm】
Moroisoshikidoki
丸山《まるやま》遺跡・長野県茅野市 茅野市尖石縄文考古館所蔵

Photo *T.Ogawa*

図版11 下島式土器 前期 【高 29cm】

Shimojimashikidoki

天神《てんじん》遺跡・山梨県北杜市　山梨県立考古博物館所蔵

　この土器は、浮線文と呼ばれる細かく連続的な刻みを加えた特殊な隆帯文が特徴。渦巻きなどの幾何学的な文様を整然と組み合わせている。まるで万華鏡のように、中心軸に対して左右が対象となる文様構成に魅了される。

図版12 ①

勝坂式土器　中期

【高 32.5cm】

Katsusakashikidoki

下《しも》ノ原《はら》遺跡・長野県茅野市

茅野市尖石縄文考古館所蔵

図版12 ③

船元Ⅰ式土器　中期

【高 35.6cm】

FunamotoIshikidoki

里木《さとぎ》貝塚・岡山県倉敷《くらしき》市船穂《ふなお》町

倉敷考古館所蔵

図版12 ②

宮之迫式土器　中期

【高 34.5cm】

Miyanosakoshikidoki

宮之迫《みやのさこ》遺跡・鹿児島県曽於《そお》市

曽於市教育員会所蔵

図版12⑤

大木式土器　中期

【高 44.2cm】

Daigishikidoki

槻沢《つきのきざわ》遺跡・栃木県那須塩原《なすしおばら》市

写真提供　那須野《なすの》が原《はら》博物館

Photo *T.Ogawa*

図版12④

円筒上層式土器（底部欠損推定復元）　中期

【高 70.3cm】

Entoujousoushikidoki

石神《いしがみ》遺跡・青森県つがる市

つがる市教育委員会所蔵

図版12⑥

北筒式土器　中期

【高 36.9cm】

Hokutoushikidoki

トコロ貝塚・北海道北見《きたみ》市

東京大学大学院人文社会系研究科附属

北海文化研究常呂実習施設所蔵

図版13 加曽利B式土器　後期 【高 23.7cm】

KasoriBshikidoki

椎塚《しいつか》貝塚・茨城県稲敷《いなしき》市（旧江戸《えど》崎町《さきまち》）　大阪歴史博物館所蔵

加曽利《かそり》B式は関東地方の後期中葉の土器型式。縄文の一部を磨り消して研磨し、縄文部分と無文部分との違いを明確にして文様効果を高めた「磨消縄文《すりけし》」が器面を飾っている。中期土器群の褐色系の色に比べ、後期以降は黒く焼きあげられた土器が多くなる。

図版14 九州の土器　晩期

Kyushunodoki

菜畑《なばたけ》遺跡・佐賀県唐津《からつ》市　唐津市教育委員会所蔵

使用目的に合わせて作られた容器のセット。文様が施されていない器壁が黒色に研磨され、薄手作り。土器を黒色の光沢ある器面に仕上げる手法は、後期以降に普及するが、特に九州を中心とした西日本で発達する。大陸の土器作りの技術との関係を指摘する研究者もいる。

菜畑遺跡は、日本列島で最古段階の水田跡が発見されている遺跡。この土器群も、弥生と縄文との接点の研究で重要視されている。

図版15 東北の土器 晩期

Touhokunodoki

是川《これかわ》遺跡・青森県八戸《はちのへ》市　八戸市埋蔵文化財センター是川縄文館所蔵

亀ヶ岡系（大洞式）土器。奥左の徳利の高さが18.3㎝。

形に適応させて技巧を凝らした文様が施された東北地方晩期の土器。

洗練された豊富な器形、技巧の粋をつくした文様と研磨された器肌は、精製土器の光沢を輝かせる。図版14の九州の土器に比べると、組合せの違いがわかって面白い。縄文土器が到達した素焼土器の頂点。

図版16 **漆塗注口土器　後期**【高 20cm】
Urushinurityukoudoki
玉清水《たましみず》遺跡・青森県青森市　青森県立郷土館所蔵　風韻堂コレクション

赤漆の塗布された注口土器。縄文漆の赤の発色は、ベンガラと朱が使われている。

この土器の注口の根元と真上の口縁部の意匠は、男性器・女性器それぞれを表す性的な表現が加えられている。後者は土偶の表現と共通する。

図版17

漆塗浅鉢形土器　晩期 【高 20.5cm】

Urushinuriasabachigatadoki

亀ヶ岡《かめがおか》遺跡・青森県つがる市（旧木造《きづくりまち》町）

青森県立郷土館所蔵　風韻堂コレクション（青森県重宝）

漆工芸には、技術と知識と経験と手間が必要。衣食住とかけはなれ、本腰を据えねばできない工芸が、縄文時代に完成されていたことが重要。漆で扱う色の基本は赤と黒にある。縄文人は漆を巧みに使いこなした。

黒地に赤で描かれた奇妙な文様は、雲形文と呼ばれる東北地方晩期の土器型式を特徴づける文様。通常は、沈線・縄文・彫り込み・研磨の技術で凹凸《おうとつ》を加えて施される。この土器は、本来の文様は裏返さないとみえない外側にあり、内側に同じ雲形文の絵柄を漆で描き出している。

漆器のことを海外ではジャパンと呼ぶ。日本の伝統工芸が縄文時代まで遡《さかのぼ》ることを証明する優品。

This is a small plate with fine patterns of "kumogata-mon," which means cloud-shaped patterns, in red and black. This masterpiece of Japan indicates that traditional Japanese crafts had already been established in the Jomon period.

2　土器の型式

縄文土器の型式は非常に分かりにくいのですが、それでも、考古学にはなくてはならない研究手段です。複雑な土器の型式を理論的に理解することは難しいのです。型式学の基本に、「一つの種はその古い種から変化したものであり、変化して生じた新しい種はさらに新しい種を生む」という進化論を応用した考え方があります。

そこで、結婚式の会場をイメージしてみてください。新郎と新婦を中心に、親族や友人、仕事関係の人など、様々な人たちが集う場では、「あの人たちは新郎の親族にちがいない、あの人は新婦の親族ではないか」など、何となく察する。そんな経験は誰にでもあるのではないでしょうか。それは、目鼻立ちや体型など、いわゆる「血筋」に現れる特徴を視覚的にとらえた考え方で、進化論にもとづいた比較・分析に近いものです。土器の型式、特に型式同士の変化とその関係は、自分の親兄弟、叔父や叔母、従妹《いとこ》、さらには祖父母、その親族といった関係に似ています。例えば、新郎とその兄弟の特徴をとらえたものが一つの型式となり、その両親や祖父母は新旧の連続性を持つ型式ということになります。考古学では、共通の特徴を持つ土器群に型式を与える場合、それらの特徴のなかから意味あるものを抽出して型式の特徴とします。

土器型式の説明が難しいのはここから先です。

肝心なのは、設定した型式に、それぞれの所属や順番、関係を正しく与えることです。例えば、通常の世代は、祖父母↓父母↓新郎兄弟という順番です。

考古学の型式は、その順番を決めることを第一関門とします。

発掘調査によって遺跡から発見された土器には、何遺跡のどこから何とともに、どのように出土したかという「出土（出生）証明」が与えられます。人間であれば、それはそのまま戸籍に記載されますが、遥《はる》かな歴史時間を経てきた遺跡とそこから出土した土器は、出土（出生）にいたるまでの経歴（親兄弟や親族の存在）が明らかではありません。出土した土器を登録する戸籍は存在しないのです。

そこで考古学者は、土器それぞれに戸籍を与えようと、進化論や層位学や型式学や理化学的な年代測定を駆使します。新郎兄弟という型式を設定しても、新旧を誤り、祖父母→新郎兄弟→父母であっては意味をなしません。

父母の姉弟《きょうだい》や従姉《いとこ》、祖父母の兄妹や従兄《いとこ》、あるいはそれぞれの叔父や叔母の関係を正しく位置づけることが肝心なのです。父母と祖父母の兄妹姉弟を同じ世代にしたなどという勘違いがあってはなりません。さらに、血筋の伝達には、隔世遺伝があります。それを見出すことも重要です。型式の持つ「意味ある特徴を抽出する」ことの重要性はそこにあります。意味ある特徴の抽出は、視点が重要で、視点によって変化もします。

さらに難しいのは、現代人が地元を離れた土地で就職したり、結婚して移転したりするように、縄文土器にも遠隔地からの出土があり、型式と型式との間に、文様や器のかたちの交じり合いが認められます。

型式に「人間との共通性」をみるのは、縄文土器の背景には人間がいて、その「背景に存在する人間の強い意識」が、土器の造形に表れているのだと思われます。それこそが縄文土器の重要な特長なのです。

縄文土器は、個人が自由に創作したものではありません。なぜなら、いくつもの個体から共通した特徴が認められるためです。

縄文土器に型式が生まれる理由は、風土や集団社会や交流など、土器の作り手を取り巻く環境と、道具としての役割がその背景にあると考えられます。

考古学者は、土器を作るためのルールのようなものがあったことを指摘します。例えば、同じ型式の土器が出土する遺跡の位置を地図上に記してみると、必ず一定範囲を中心に広がる分布圏と、分布圏ごとの地域色が現れます。それはなぜでしょうか。

3　縄文土器の地域色

土器の形について大まかに見てみると、器高が70㎝を超える大形土器は中期の関東・中部・東北に多く、筒形の細長い深鉢は北海道や東北の寒冷地や積雪地帯に多く、胴部が膨らんだ甕《かめ》のようなものは、山岳地域や西日本に多い傾向があります。

「縄文」土器を特徴づける縄目文様でさえ、東日本に多く西日本に少ないといったように、地域による明らかな違いがあり、縄文土器の特徴はひとまとめに説明しきれません。

縄文土器と呼ぶ土器群の分布範囲は、ほぼ日本列島全域に及びます。

九州の土器群には、縄文や隆起性に富んだ豪快な装飾が発達していません。東九州・西九州・南九州という3分割した地域を核に、本州土器群との対峙《たいじ》—

交合－せめぎ合いを繰り返し、九州全域は九州島の地域圏を保ち続けます。また、朝鮮半島や南西諸島との繫《つな》がりが見え隠れします。

西日本の土器群は、容器作りという点で技術的に優れています。特に後期を過ぎると、実用性と直接関係のない「文様をつける」作業を省略し、削り込みや研磨技術で薄く仕上げ、目的別に機能性を高めた実用的な容器として完成されます。

日本列島の中間部にあたる関東甲信越は、東西文化の交差する地域色と、中部山岳を要にした内陸と日本海側と太平洋側という地域色が織り込まれています。縄文時代中期にいたって、器の形を無視したかのような、隆起性に富んだ造形文様が中部山岳地域を中心に発生し、そして発達します（図版29〜35）。後期になると、そのような象徴的表現は、土器の形と一体化した文様のなかに埋伏し、急速にその姿を消します（図版13）。

東北の土器群は、日本海側と太平洋側とで違いがあります。しかし後期以降

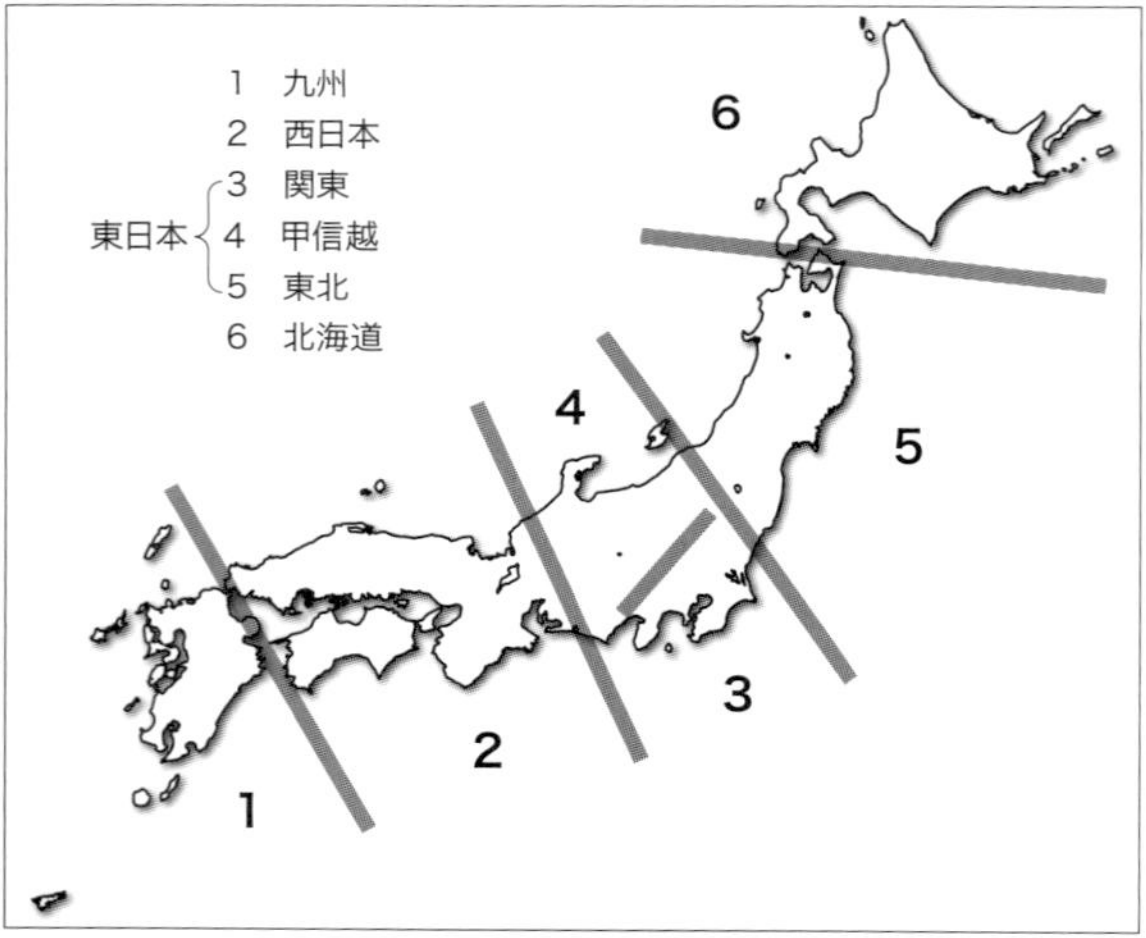

第5図　縄文土器からみた日本列島の6区分

は、関東甲信越地域より少し時をずらしながら土器のかたちや文様に巧みさを加え、技巧を結集した晩期土器群を成立させます。それは、素焼きの容器に与えられる美と実用性とが一体化され、洗練された技術によって生み出された装飾文土器として完成します。

北海道の縄文土器は、津軽《つがる》海峡を越えて波及する東北地方の土器群の影響を受け、道南地域を中心にその特徴を保持し続けるという状態が縄文時代を通してみられます。

一方で、道北や道東では、個性ある独特の作りや単純でも工夫された文様など、断続的な地域色をみせ、北海道と外界との関係をうかがわせます。土器の文様やかたちは実用の範囲内にあり、土器作りという作業に過度な手間をかけることなく、生活に根付いた道具の形態を維持し続けます。

縄文土器に認められるこのような地域色は、山に暮らす生活と海辺で暮らす生活、大陸の影響を受ける北海道や九州、台地や丘陵、台地地形の発達した東日本と扇状地や沖積地の目立つ西日本、北の北海道と南の九州、積雪のある日本海側とその対極の太平洋側など、いずれの土地でも、日本列島の風土に適応することで培われる多様な生活から生み出されたものと考えられます。

4　地域色のなかの地域色

考古学の概説書をみると、豪快で力強く生命力に満ちた造形や、奇妙な生物表現を意匠化した文様をもつ土器が、縄文土器を代表するものとして紹介されています。多くの人が思い浮かべるそのような縄文土器が、実は限られた時期の地域色であるということはあまり知られていないのではないでしょうか。

ちょうど日本列島の中央部にあたる場所、関東甲信越という大陸から最も離れている地域に、風土に根付いた井戸尻系・勝坂《かっさか》式土器を苗床にして、容器の機能を超越した、世界に例のない個性豊かな文様が発達します。

井戸尻系・勝坂式土器は、長野県富士見町の井戸尻遺跡と、神奈川県相模原《さがみはら》市の勝坂遺跡から出土した土器に対してそれぞれ型式設定された土器群です。両者は同じ特徴を持ち、主に西関東から甲信地域を中心に分布します（第6図）。

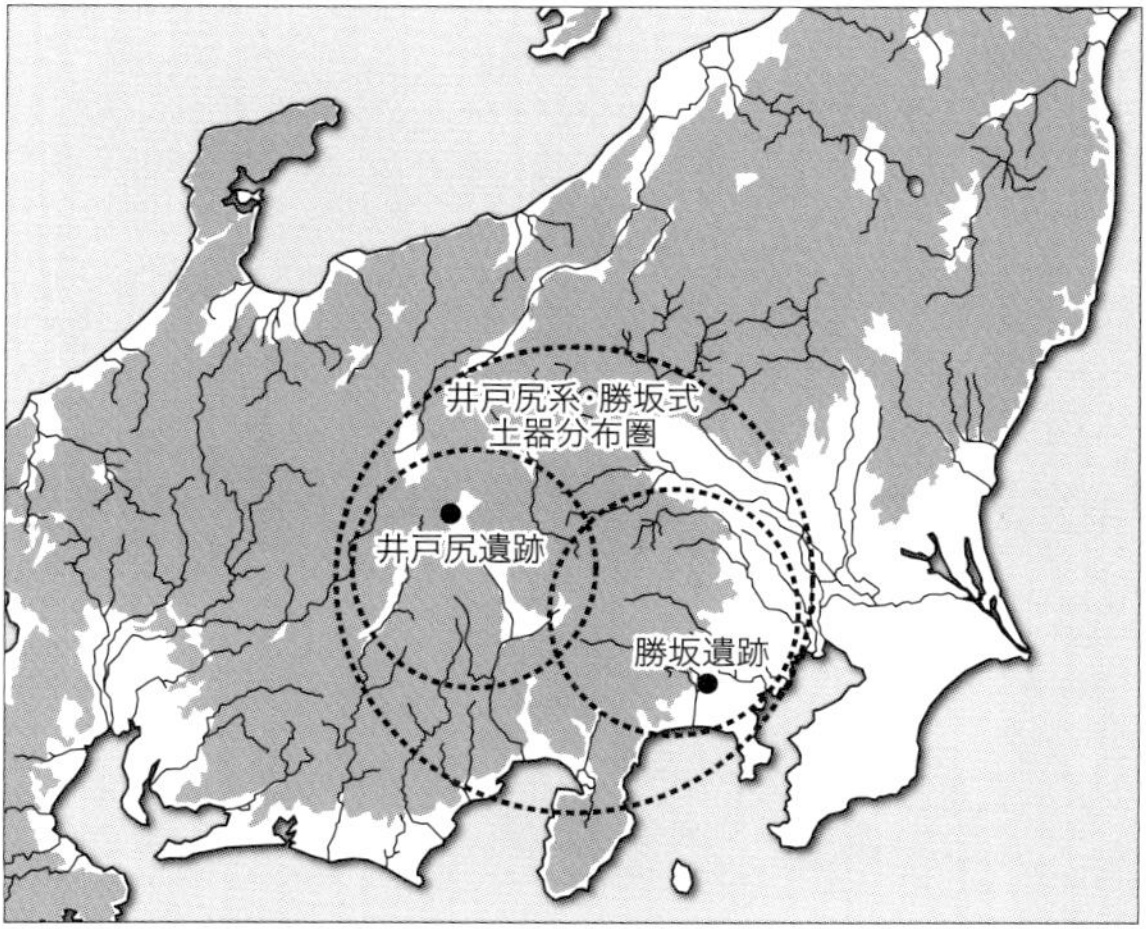

第6図　井戸尻系・勝坂式土器の主な分布圏

器の種類が豊富で、厚手であり、重厚感ある雰囲気が共通要素になっています。そして何より、どちらも器のかたちを超越した造形文様が発達している点に特徴があります。なかでも、人間を含め、動物的で謎めいた意匠は、濃度の高い地域色として他にはない際立った個性を示します（図版18〜28）。

なお、井戸尻系（具体的な型式名は貉沢《むじなさわ》式・新道《あらみち》式・藤《とう》

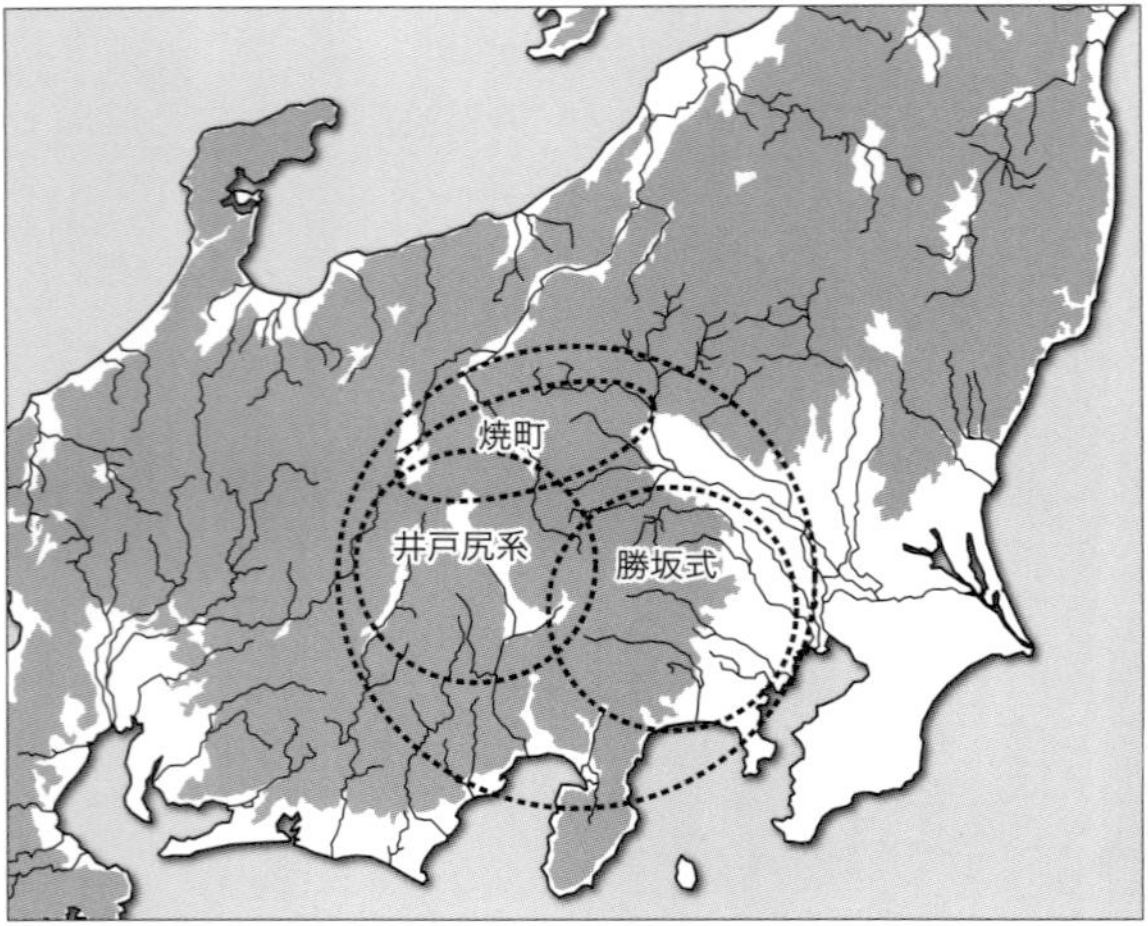

第7図　焼町土器が発見される遺跡の分布範囲

内《ない》式・井戸尻式）土器群の分布圏内には、焼町《やけまち》土器と呼ばれる、別の個性を持つ土器群が存在します（図版30・31）。井戸尻系に混じり込むようにして発見されますが、それは長野県の中央部から群馬県の赤城《あかぎ》山麓《さんろく》南西域という範囲に限られており、勝坂式（勝坂1式・同2式・同3式）の分布圏にはありません（第7図）。

まだ究明すべき余地が残されていますが、井戸尻系と勝

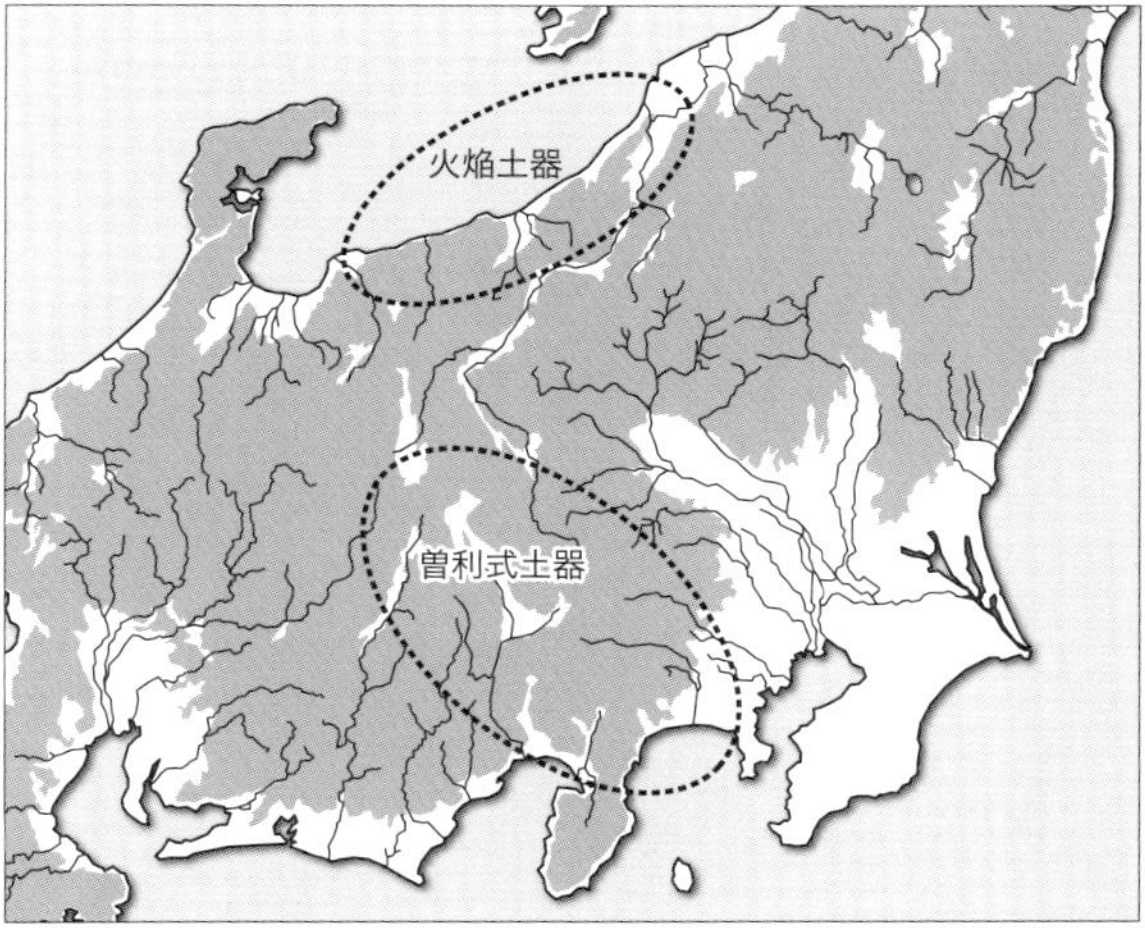

第8図　火焔土器と曽利式土器の主な分布範囲

坂式という同じ系統の分布圏内で、地域を分けて新たな土器の型式が発生したという動向は重要です。また、焼町土器の特徴のなかには、太平洋側だけでなく日本海側の土器群と共通する要素もあり、土器型式がみせる地域色の複雑さを示しています。

井戸尻系・勝坂式土器群に発達した奇妙で神秘的な動物的表現は、型式のなかでピークを迎え、次第に変化が加わり、拡散しながら装飾把手や装飾文様のなかにその姿を埋伏させます（図版29）。そして、続く曽利式という型式のなかで気品と優雅さを醸し出した造形文様を生み出して終焉《しゅうえん》を迎えます（図版4・35）。

井戸尻系土器群の盛衰に歩調を合わせるかのように、日本海側の雪国に火焔《かえん》土器が登場します（図版3・32〜34）。

日本は、降雪に関する記録はギネスブックにも記されている程で、世界屈指の豪雪国です。中でも新潟といえば雪国の代名詞といえます。その新潟県下の信濃《しなの》川中流域を中心とした限られた地域に出現するのが火焔土器です（第8図）。

火焔土器という呼び名は、型式名でなく、馬高《うまだか》式という型式のなかで独特の個性を持つ一群に対してあてられた別称です。

「火焔」と名付けられた土器群には、波打たせて貼りつけた粘土紐《ひも》の波頭部をノコギリの歯のように尖《とが》らせた、「鋸歯状《きょしじょう》」などと説明される独特の隆帯文が必ず施されています。火焔を彷彿《ほうふつ》させる正体は、その隆帯文にあります。

火焔土器群は、口縁部に配置された装飾把手《とって》が要となり、器面全体の文様が構図化されています。特徴ある共通した表現が組み込まれ、規格性が強く、すべて同じようにみえるため、角度やみる位置を変えると個体判別が難しくなります。動物的な表現はありませんが、隆起性に富んだ造形のなかに環《わ》や渦巻きなど、中部山岳の土器と共通した手法（図版4）が使われています。しかし、縄文や沈線文など他の文様要素を含まない、隆帯に徹した造形と規格性という点で際立つ個性を作りあげています。

一方、太平洋側では、加曽利E式土器が成立します（図版36）。口縁部に高く盛り上がる装飾把手は波状口縁や突起に変わり、力強い隆帯文は流れるような沈線文となります。神秘的な動物表現は、穏やかな植物的表現へと変化します。そして次第に分布域を拡大させ、日本列島中央部の土器群と同化しながら、縄文時代後期土器群への扉を開くことになります。

図版18

井戸尻系土器　中期 【高 34cm】

Idojirikeidoki

酒呑場《さけのみば》遺跡・山梨県長坂《ながさか》町　山梨県立考古博物館所蔵（重文）

「抽象文」の典型例。口縁下に付加された豚の鼻先のようにみえる双環突起は、奥深い意味が込められた文様。さまざまなかたちで多用される。この土器は、４つの双環突起を口縁部に配置して、精霊体文様の要にしている。謎めいているが、上から下方向に向かい、何かを見守るような優しさを感じる。

その下の両生類のような奇妙な生き物を、サンショウウオ文と呼ぶ研究者もいる。やや表現を変えた２体が、表裏で相対する一対となった構図が多い。

写真ではみえないが、左側面の双環突起から垂下した隆帯が、正面精霊体の腹部に接触するかのような関係が意味ありげで、性的な物語の表現だという指摘もある。

The abstract pattern at its center is called "chusho-mon." This pattern, which appears to look like an amphibian, is considered by some archaeologists to be a mystic expression of a salamander mating with another.

Photo *T.Ogawa*

図版19 ①
下原《しもはら》遺跡・
長野県諏訪《すわ》郡富士見町
井戸尻考古館所蔵

図版19 ②
藤内遺跡・
長野県諏訪郡富士見町
井戸尻考古館所蔵

図版19 ③

曽利遺跡・
長野県諏訪郡富士見町
井戸尻考古館所蔵

図版19 ④

棚畑遺跡・
長野県茅野市
茅野市尖石縄文考古館所蔵

図版20

曽利式土器　中期 【高 19.8cm】

Sorishikidoki

梨久保《なしくぼ》遺跡・長野県岡谷《おかや》市　市立岡谷美術考古館所蔵

中部・関東地方の中期縄文土器群に発達した、ヘビやカエルや両生類といった動物的な抽象文は、単なる装飾文様ではない。

縄文の人々の世界観を土器に表現したもの。容器を母体にみたてた命の融合体であると考えられる。

この土器は、同じ意匠の精霊体文様４つが、相対する２対で口縁を囲むように配置されている。

それぞれの頭部が波打つ突起部分は、側面からみると天に向かって口を開けたカエル、正面でみると芽吹いた植物にみえる。隆帯の渦巻き効果が抜群で、顔や目や口、丸めたような腕を連想してしまう。なんと愛らしい表現だろうか。

Patterns on Jomon pottery are not only decorative designs but also expressions of mystic lives in the realm of nature. The pattern at its center could be an animal or a plant.

図版21

井戸尻系土器(胴下半欠損) 中期 【高 30.16cm】

Idojirikeidoki

鋳物師屋《いもじや》遺跡・山梨県南アルプス市

南アルプス市教育委員会所蔵

縄文土器と縄文土偶とが一体化した縄文土偶土器。

土器を抱え込む人形意匠が沈線と刺突と彫刻による巧みで精緻な土器の文様帯に同化している。背中の縦線、背中から腰部のしなやかな曲線、奇妙な腕と手、微妙な空間を開けて口縁部に立つ顔面の造形は、後に発達する関東甲信地域の人形精霊体の原点をみる。

井戸尻系土器群の初期に現れた、神秘性と物語性を考えさせるこの土器の重要度は極めて高い。環を２つ連結させた双環によって目が表現されている。

この愛らしさは、意図されたものであろうか。

It is an example of integration that a Jomon figurine used as a part of Jomon pottery decoration patterns.

図版22

井戸尻系土器　中期 【高 56cm】

Idojirikeidoki

藤内遺跡・長野県諏訪郡富士見町　井戸尻考古館所蔵（重文）
田枝幹宏氏撮影

縄文土器の中でも神秘性を漂わせる優品。

背中をみせるように取り付けられた土偶文様に引き付けられる。二の腕状の太い隆帯は先端を蕨手《わらびて》状に巻き込み、口縁部に突出する頭部らしき造形は、想像をはるかに超えるほど謎めいている。

注目されるのは、土器の内面が、土偶文様の造形に合わせて変形している点である。特に丸く盛り上がった肩の部分は、内面が半球形の大きな窪みとなっている。つまり、器の外面に貼りつけたのでなく、器壁自体を変形させ、土器そのものを生命体として作り出している。

肩から首部分に施された繊細な縄文は、普通の土器の文様にはみられない。渦巻きを多用した幾何学的文様を含め、隅々まで技巧が施されている。

This is a masterpiece of Jomon pottery with mystique. It has a decoration of a spirit in the shape of a man. With this personification, a life dwells in the pottery.

図版23

井戸尻系土器　中期 【高 40.5cm】

Idojirikeidoki

曽利遺跡・長野県諏訪郡富士見市　井戸尻考古館所蔵

縄文土器の文様には物語性があるのではないかと考えられる典型的な土器。

土器面全体に隆起性に満ちた精霊体文様が描き出されている。環を巧みに組合せて要所に配し、意匠の要にしているのが特徴。口縁に環状把手を配して頂部を波打たせ、正面最大波の頂点に三角の蛇頭、その下部に双環突起を上下に重ねている。

正面の小さい双環を頭、その下の環を胴に見立てると、２本の腕が大きな双環を抱くように伸び、開いた両脚の下方から矢先状の隆帯文が突きあがった図柄となる。環と矢先はそれぞれ女性器と男性器を意図した性的な表現であると指摘する研究者もいる。

Stories of spirits are seen on the entire surface of the pot. The rings and pointed decorations imply that it is an expression of sexuality as they are thought to be genitals.

図版24

井戸尻系土器　中期 【高 36.3cm】

Idojirikeidoki

下原遺跡・長野県諏訪郡富士見町　井戸尻考古館所蔵

顔面把手付土器。顔面把手の多くは、この土器のように、容器の中を覗《のぞ》き込むように内側を向いたものが多い。

磨き上げられた無文で平縁の口縁部に、装飾把手が唯一屹立《きつりつ》した構図となっている。

縄文土器の文様に組み込まれる動物文様ではヘビが多い。蛇頭や蛇体が、具象的に、あるいは抽象的に、実に多様な表現で文様化されている。他の動物文様の造形に巧みに組み込まれたものも多い。

この土器の正面には、尾を巻いて、土器の中を窺《うかが》うかのように伸び上がる矢先状の頭部をもつ蛇体が描かれている。対極の顔面把手の視線から見えない配置が意図的なものであるならば、何らかの物語が与えられている可能性も考えられる。

This is a Jomom pottery with a face-shaped decoration on the handle. There are many examples of faces looking inside pots. On this pot, a snake lying in its coil is at the center.

図版25

井戸尻系土器　中期　【高 43.5cm】

Idojirikeidoki

海戸《かいど》遺跡・長野県岡谷市　市立岡谷美術考古館所蔵

顔面把手付土器を代表する優品。

この土器の特徴は、顔が外側を向いていること。顔面部は中空になっている。切れ長の目はつりあがり、明らかに左右の大きさが違うのは意図されたものであろうか。ぽっと開けられた丸い口周りの粘土の盛り上がりに生々しさを感じる。下から見ると愛らしく、斜め上方から見ると実に精悍《せいかん》な表情に変わる。

画面には見えないが、反対側の口縁には、抽象的な蛇体を意匠化した把手が配置され、顔面把手と対極をなす構図になっている。注意して見ると、顔面・蛇体共に「環」が多用されている。口を除き、双環を２つと数えると、これほどシンプルな造形でありながら、15もの環が組み込まれている。

This is another masterpiece of Jomon pottery with a face-shaped decoration on the handle. A characteristic of this pot is that the face is looking outward. The face-shaped decoration is hollow.

図版26

曽利式土器　中期 【高 47.7cm】

Sorishikidoki

曽利遺跡・長野県諏訪郡富士見町　井戸尻考古館所蔵

香炉形土器。形態的な特徴から灯火具説が多い。焦げ付きや煤《すす》の付着のあり・なしがあるが、形は灯火するのに適している。数が少なく、他の土器に比べて壊れていない状態で発見されるものが多い。

この土器は、要所に環と渦巻きが巧みに組み込まれている。特に環を２つ並べた効果は、目や鼻の表現につながる。頂部（推定復元）に土偶顔のついた顔面付き香炉形土器であるが、裏返すと、環２つを目にした昆虫のようにも見える奇妙な顔があり、土器の本体にも目と鼻をもつ謎めいた大顔の造形がある。

夜の闇で火を灯《とも》したなら、炎の揺れ動く光と影の幻灯効果は、神秘的な空間を作り出すだろう。

This pot is suitable as a lamp. A characteristic of it is that three faces are expressed by the decoration. Lit up in the dark, a flickering flame would create a mysterious atmosphere of light and shadow.

〈後ろ〉

図版27

井戸尻系土器　中期　【高 51.7cm】

Idojirikeidoki

藤内遺跡・長野県諏訪郡富士見町　井戸尻考古館所蔵

口縁直下にめぐらされた鍔《つば》と、その凸帯《とつたい》に沿って器壁を貫通させた小孔が点々と穿《うが》たれている土器を、有孔鍔付土器と呼ぶ。

正面の奇妙な隆帯文様は、人のようにもカエルのようにもみえることから、半人半蛙《はんあ》像と呼ばれる。

土器を抱えるように上げた手先に３本の指、上げた腕の下から懸垂して巻き込む謎めいた腕のような先にも３本の指。この奇妙な３本指の表現は、図版６・28にもある。カエルや鳥の、３本に見える足を推定する見方もあるが、統一見解はない。

半人半蛙の上部のメガネ状の双環突起と下に巻き込む腕を土器本体に適用すると、半人半蛙と土器とが抱き合う格好になる。

The flange and small holes along it are features of this pot. The strange decoration at the center is called a “half man and half frog figure” as it looks like a man and a frog.

図版28

勝坂式土器　中期　【高 25.5cm】

Katsusakashikidoki

林《はやし》王子《おうじ》遺跡・神奈川県厚木《あつぎ》市　厚木市教育委員会所蔵

有孔鍔付土器。

この土器の正面にある奇妙な表現は何であろう。顔は図版２の顔面、胴は土偶と同じく乳房と正中線、頭頂に双環突起があり４本の腕と手をもつのは図版 27 と似ている。髪を結い上げたような頭部は、腕も含めて被《かぶ》り物のようでもある。しかし、図版２と同じく子どもの誕生場面を表したものであるなら、新生児と土偶とを一体化させた世界観が重要な意味を持つかもしれない。

写真ではわずかに端が見えるだけだが、人体文の左右両側面には、図版24と同じように、矢先状に表現した三角頭の蛇体文が、正面の精霊体を守護するかのように配置されている。

Jomon potteries with holes along the flange always have a flat rim and blank spaces at the neck as decorations are only on the body. The mysterious creature at the center is a sacred representation of a life and a spirit.

図版29

井戸尻系土器　中期　【高 39.6cm】

Idojirikeidoki

石之坪《いしのつぼ》遺跡・山梨県韮崎《にらさき》市　韮崎市教育委員会所蔵

４つの大把手が等間隔で向き合う２対となり、土器の中を守護するかのように口縁部を囲む。４つとも双環を要所に設けて連結させた確信的ともいえる同じ意匠で、すべて中空となっている。

口縁部に大形の把手がつく形は、重量の負荷が大きく、技術を必要とする。細部をみても、粘土帯の貼り付け、半隆帯技法、半肉彫り、押圧、撫《な》で付けと、見事にこなしている。

屹立する謎めいた大把手は、類似例をたどるとイノシシを思わせる抽象的な表現にたどりつく。両脇に開けられた円孔は、みる角度によって瞳のように変化し、時に視線を発する。山岳地域の精霊体文様が、隆起性に富んだ神秘的な力強さをみせる優品。

The four large projections on the rim are arranged as if they guard the inside of the pot. The holes on the side are representation of the eyes of sacred creatures. They would make one feel as if they were a set of eyes depending on the angle one looks at them.

図版30

焼町土器　中期 【高 31.6cm】

Yakemachidoki

川原田《かわらだ》遺跡・長野県北佐久《きたさく》郡御代田町《みよたまち》

浅間縄文ミュージアム所蔵（重文）

この土器は、関東の南東部を中心に分布する阿玉台《あたまだい》式土器と井戸尻系土器が交じり合った特徴を持っている。土器の口縁を器壁ごと立ち上げて大きく波打たせるのは阿玉台式の特徴。

双環突起を要にした、口縁部の小動物の顔、胴中央部の奇妙で謎めいた精霊体文様は井戸尻系土器の特徴。阿玉台式土器は、精霊体文様を伴わない。

井戸尻系と同じ系統にある勝坂式土器群は阿玉台式に近接しており、両者は形態や文様が交じり合う密接な関係にある。しかし、焼町土器は存在しない。

同じ系統の土器群のなかにも地域差があるという点が重要。

The projection with circular decorations is a unique feature of Jomon pottery, named "Yakemachi-style pottery." Each projection seems to look like the face of a mysterious creature.

Photo *T.Ogawa*

図版31

焼町土器　中期 【高 48.4cm】

Yakemachidoki

川原田遺跡・長野県北佐久郡御代田町
浅間縄文ミュージアム所蔵（重文）

焼町土器の特徴は、井戸尻系土器群と共通して、環の活用にある。それも目立って数が多い。

焼町土器の環は、成形が井戸尻系と異なる。
押圧を加えながら撫で付け、タコの吸盤状に仕上げている。隆帯をなめすように横撫でにして潰《つぶ》す手法は、阿玉台式の特徴。

この土器は図版30と全体像が異なる。口縁部に粘土を貼りつけるという井戸尻系の手法で４つの大きな把手を立ち上げている。そして把手を基軸に隆帯で横つながりに連結することで、口縁部を囲む区画文様帯を作りあげている。口縁部文様帯という文様構成は、南関東から波及してくる加曽利Ｅ式土器の基本形態。

This is a fine work with excellent use of circular decorations. In contrast to illustration No.30's animal motif, it has decorations of a plant motif - a vine growing in the ground and sprouting.

Photo *T.Ogawa*

図版32

馬高式土器　中期 【高 37.5cm】

Umadakashikidoki

徳昌寺《とくしょうじ》遺跡・新潟県長岡《ながおか》市与板町《よいたまち》

新潟県長岡市教育委員会所蔵

火焔土器。一見派手なようだが、実は朴訥《ぼくとつ》。土器本体の容器の形が同一形態で、隆帯のみの造形に徹している。縄文や刺突文や沈線文など、施文具や手法を変えた他の文様を組み入れることがない。口縁部から底部まで、隙間を残すことなく文様を加える点も、この土器群の共通した特徴。

大把手は、４つで口縁部を囲む。等間隔に配置され、それぞれ２つが向き合う二対構図。胴部を飾る半隆帯文も重要な特徴。

半隆帯文は、管を半割した形の施文具の湾曲部分を、押しつけながら引くことで描き出されたカマボコを引きのばしたような隆帯文。

The serrated decorations on the rim, appearing like a flame of fire, give it the name "blaze-style pottery." Every decoration is created with one technique, and other types of decoration such as cord-marks, piercing marks, and engraving lines have never been used.

図版33

馬高式土器　中期　【高 35.4cm】

Umadakashikidoki

沖《おき》ノ原《はら》遺跡・新潟県中魚沼《なかうおぬま》郡津南町《つなんまち》

津南町教育委員会所蔵

火焔土器。正面に見える装飾把手の左部分は、鶏のトサカのように見えることから鶏頭冠状突起《けいとうかんじょうとっき》と呼ばれ、火焔土器の特徴的な造形として知られている。その右端により高く立ち上がっている部分を、尾に見立てることもある。

粘土紐の押しつけと摘み上げを、繰り返すようにして鋸歯状に鋭く波立たせた隆帯文が火焔の正体。

火焔土器は、隆帯がうねる曲線の力強さに目を奪われ、心惹《ひ》かれるが、それは火焔土器すべてに共通した特徴となっている。約束された同じ構図を基本とする企画形土器である。しかし、見分けがつかないほど同じようにみえても、個体ごとに個性がある。

It is a characteristic feature of blaze-style pottery that the left part of the decorative projection at the center is referred to a cockscomb, which is shaped by several clay bands. Though it looks complex, it is standard.

図版34

馬高式土器　中期　【高 34.5cm】

Umadakashikidoki

笹山《ささやま》遺跡・新潟県十日町《とおかまち》市　十日町市博物館所蔵（国宝）

火焔土器。火焔土器の特徴は、鋸歯状と説明されるギザギザの縁取り波状隆帯と、等間隔で土器のなかを守るかのように口縁部に配置された大きな装飾把手にあるが、もう１つ、隙間なく器全面に文様が加えられているという個性がある。

文様の構図は、把手・口縁部文様帯・頸部《けいぶ》文様帯・胴部文様帯のように、口縁部から底部までを、４段階に区切った横帯文様となっている。特に口縁部にこだわる装飾は、中期に際立った特徴でもある。

注意して見ると、把手を要にした縦の基軸が設けられ、縦割りに４等分されていることに気づく。これも、火焔土器に共通している企画図の１つとなっている。

Blaze-style potteries are known for large handle around the rim and heavy decorations such as filling the side with patterns from rim to the bottom.

図版35

曽利式土器　中期 【高 85cm】

Sorishikidoki

安道寺《あんどうじ》遺跡・山梨県甲州《こうしゅう》市　山梨県立考古博物館所蔵（県指定文化財）

水煙土器。意匠が同じ４つの装飾把手が、等間隔に土器の口周りを囲んで屹立する。それぞれの把手は、中空の作りとなっている。

よくみると、肩をすぼめて羽化するカゲロウのような精霊体文様となっている。環と渦巻きとを巧みに組み合わせた造形には、神秘さが漂い、命の息吹《いぶき》すら感じさせる。土器を守護するかのようであるが、精霊体は外側を向いている。

細い粘土帯の流れるようなラインが、単純な円筒形の深鉢に秀麗さと気品を醸し出している。

この時期、山岳地域の水煙土器に足並みを揃えるかのように、日本海側の信濃川中流域に火焔土器が登場する。

As the projections appear like spring water flowing, it is called a "pottery with clouds of spray." The motif represents the personification of insects, the emergence of a mayfly, and creates a spiritual work.

Photo *T.Ogawa*

図版36 ①　加曽利E式土器　中期　【高 48.6cm】

KasoriEshikidoki

根木内《ねぎうち》遺跡・千葉県松戸《まつど》市　松戸市立博物館所蔵

図版36 ② **加曽利Ｅ式土器　中期** 【高 41.4cm】

KasoriEshikidoki

中山《なかざん》谷《や》遺跡・東京都小金井《こがねい》市　写真提供　小金井市教育委員会

関東地方を中心とした地域に分布の中心をもつ中期末の土器。関東甲信越地域で発達した起伏に富んだ隆帯文は、この加曽利Ｅ式土器の型式変化のなかで沈線化する過程で植物的な文様へと表現がかわる。併せて、要所に多用されていた環と渦巻き文も幾何学的な変形を経て沈静化する。

5　自然界と命

縄文土器を世界の土器と比べることは容易ではありません。

近隣諸国は、農耕・牧畜とともに素焼きから陶磁器への歩みがあり、土器は容器という目的で作られています。しかし縄文土器は、「焼き物」作りにロクロを使わず、「窯《かま》」を使うこともありません。1万年もの長い間、原始的な「野焼き」で、釉薬《うわぐすり》をかけずに焚火《たきび》で焼く素焼きの土器であり続けました。そのため、縄文土器に陶磁器は存在せず、誕生もしませんでした。

縄文土器について知ろうとする時、注意しなければならないことは、私たちが歴史上の最先端に存在する未来人であることを自覚し、その知識と先入観で過去をみないということです。例えば、素焼きとはいえ、粘土で作って火で焼きあげた土器は、当時の自然界には存在しません。しかも、粘土という素材に与えることができる可能性は、石や木とは別格です。工夫の余地を多分に含んだ、便利で特殊な最先端の素材と道具であったというところまで立ち返る必要があります。つまり、工夫次第でいろいろな用途が拓《ひら》けるのです。

縄文土器は、縄文時代を通じて素焼きに徹したままで、容器の機能と直接関係があるとは思われない造形や文様が組み込まれているという特徴を持っています。なかでも、豪快な装飾把手や力強い生命力に溢《あふ》れた表現を前にしたとき、その背景に、単なる「文様」では理解の及ばない人間の精神的世界があることに気づきます。

それは、縄文土器と縄文土偶の融合と、奇妙な生き物を思わせる神秘的な表現が組み込まれることから始まり（図版18～22）、起伏に富んだ隆帯装飾が、実在と空想を交えたような物語性を帯び、そして、より象徴的なものへと進化する活力をみせるようになります（図版23～28）。

最初の文様表現は、爬虫類《はちゅうるい》（ヘビなど）や両生類（サンショウウオやカエルなど）といった、身近な生物を連想させますが、抽象性を帯びたなにかわからない要素を含みます（図版18・19）。それを考古学では「抽象文」と呼んでいます（図版19）。

縄文土器の文様名にあてられた抽象文は、単なる抽象ではなく、「のようにみえるがなんであろうか」、というような、謎が込められた表現のことで、実在するものだけでなく、精霊のような架空の存在も含まれているのではないかというところに特徴があります。

縄文土器の地域色としてあらわれた、奇妙で神秘的で想像的な文様を、これから「精霊体文様」と呼ぶことにします。

やがて、謎を秘めたような精霊体文様は、顔面把手（人面把手）と呼ばれる意匠の登場（図版1・2・24・25）によってピークを迎え、想像を加えたような複数の生命体が、意味ありげな物語として融合します。図版1の土器は、その好例です。

まず、口縁に屹立する装飾把手の中央部、カエルの腹のように膨らんだ部分は、目鼻や口がありませんが、形態は顔面把手（図版2）に通じます。器全体を引きのばすと全体の構図と裏側の対極する位置に描かれた蛇体は図版24、正面の神秘的で奇妙な精霊体は図版23・27・28、口縁に屹立する装飾把手のカエルが大口を開けた姿は図版20の波状口縁側面のカエルに類します。

謎めいた複数の生命体を見事に融合させた逸品です。しかし、見逃してはならない最も重要な点は、私たち家族の血縁のような、他の土器に付加された精霊体文様との類似性や交じり合い、つまり、意匠の共有です。

やがて、溢れるような命と力が秘められた動物的あるいは人的な構図のなかに、「産む力」を源にする性的な表現がはっきりと現れます（図版2）。

このような縄文土器について、容器の使い易さを犠牲にしてまで、どうしても土器に付託しなければならないナニカがあったのではないかと指摘するのは、縄文時代研究の第一人者である小林達雄《こばやしたつお》國學院大學名誉教授です。小林氏は、縄文土器の文様を、縄文の人々の世界観にかかわる物語が表現された「物語性文様」と名付けました。

仮に、縄文土器に付託された世界観が、当時の人たちが「見てわかる表現」であったとするなら、縄文土器を「見ること」は、縄文人の「心」と向き合うということになるのです。

ところが、現代に生きる私たちには、時を超えてまでなかなか理解の及ばない部分があります。

例えば、精霊体文様、あるいは物語性文様の中の要所に用いられている「環」の表現です。注意してみると、その活用頻度の高さに驚かされます（図版25）。その原点に近いものは、井戸尻系・勝坂式土器群の初期にみる「双環」と「目」の造形にあるかもしれません（図版21）。いずれにしても、環の表現に込められた神秘性には奥深いものがあるようです。

私たちにとって未来は未知の要素を多分に含んでいますが、過去に存在する未知は、あったはずのものを失っているということを意味するのではないでしょうか。縄文の人々は、自らの手により、自らが選んで決めた土地で食べ物を得ていました。自らの手で動物や植物の命を断ち、食べる。生きるために他の生き物から命をいただく。

縄文土器が機能した縄文の世界には、生と死を分ける生命が、自然界の連鎖とともにあったはずです。子供の誕生、春の芽吹き、秋の落葉、老い、けがや病気……、生まれても失われるという命が自然に等しく身近にあった――。

縄文の人々は、日本列島の風土に適応して暮らすなかで、自分たちと共にあるすべての存在とその絆《きずな》を、人知を超えた神秘性を重ねた精霊体として土器の文様に組み込みました。土器そのものにも命を与えることにより、万物の「神秘的な気配」のなかに自分たち人間を同化させ、精神的な融合を実現させたのです。

縄文土器は、単なる容器ではないのです。

III

縄文土偶ものがたり

1　縄文土偶のあれこれ

世界を見渡すと、人間を表現したと考えられる土製品は、新石器時代の農耕社会に存在します。それらには、「産む力」にかかわる女性の特徴が強調された像が多いことから、農作物の豊饒《ほうじょう》を祈る地母神崇拝と結びつくという考え方が示されています。

現在、日本で最も古い土偶は、西日本で出土した草創期のものです（図版37）。それらには、一対の乳房を際立たせたような表現があり、その特徴は海外の類例と共通しています。しかし、土器と同じく、当時の日本列島史には農耕や地母神に結びつく要素は見あたりません。

縄文時代の遺跡からは、いろいろな粘土製品が発見されます。日本考古学では、「人間の表現」と考えられるものを「土偶」と呼びます。「器」を「土器」

と呼び、それ以外は土製品と呼びます。

粘土で形を作って火で焼く「焼き物づくり」であるという点では、土偶も土器と同じです。土偶と土器は同じ素材・技術で作られています。

縄文土偶は、模倣性や抽象化された造形が多くあります。注目すべき特徴は、それらが四角や三角でも、共通して人を表したのではないかと思わせることです。そのために「土偶」と呼ばれるのですが、ただのヒトガタではなく、偶像的な神秘性や崇拝、謎めきなどの意味も含めています。

土偶に加えられている様々な工夫が人と結びつくのは、作り手の意図がその一手間に反映されているからであると考えられます（図版39）。

縄文土偶は、かたちも大きさも、発見される時期や地域も様々で、沖縄を除くほぼ全国の遺跡から見つかっていますが、数に差はあるものの、早期は北海道から九州まで、日本列島全域にその存在が知られています。しかし、前期になると西日本での発見例がなくなり、東日本に偏在します。そして中期になると、関東甲信に分布の中心地域が形成されるようになります。ところが、中期の終わり頃になるとその数が激減します。後期になると再び東日本を中心に数が増え、晩期に向けて分布の中心が東北に移ります。

縄文土偶は、これまで2万点ほど発見されています。最も古いものは西日本の遺跡から出土していますが、縄文時代を通して西日本で少なく東日本で多く見つかっています。

ところで、縄文土偶には「意図的に壊された」という説があります。その根拠の一つは、ほとんどが壊れた（破片）状態で出土するという点にあります。しかし、土器が破片状態で出土するのが普通であることからすると、土偶が壊れて出土しても特別なことではありません。

また、地母神信仰や民俗、神話などをあてはめた応用論があります。それらは参考であり、直接縄文土偶と結びつくものではありません。さらに、手足や首などの接合部に視点をあてた「壊れやすさ」を「意図的な壊れやすい作り」

とみる考えもあります。それは、単純に作られた多くの土偶や、図版46や49のように脚を連結して強化を図っている土偶には適用されません。粘土に焼きを加えること自体が、壊す目的に反しています。また、東北から発見された晩期の土偶のなかには、破損部分を修理した痕跡《こんせき》と考えられる、接着剤としてのアスファルトが、折れた部分に付着した状態で発見されたものもあります（図版57）。

意図的な破壊説を縄文土偶の解釈に適用させるには注意が必要です。

縄文土偶は、縄文時代を特徴づける存在ではありますが、すべての遺跡で出土するわけではありません。遺跡の発掘調査を数多く経験する者でも、縄文土偶の発見に立ち会うことは稀《まれ》です。珍しいからこそ注目され、珍重されます。しかし、考古学の珍しさには「未知」が重なるという、取り扱いの難しさがあります。

ところが、出土する遺跡が少ない上に、出土しても1点、多くて数点という希少な存在である反面、釈迦堂《しゃかどう》遺跡（山梨県）や吉見台《よしみだい》遺跡（千葉県）、三内《さんない》丸山《まるやま》遺跡（青森県）のように、1000を超え、500を超え、1000を超えるほど集中して発見される遺跡が、限られた時期や地域に存在します。大量に集中した出土も、大量に壊れた状態で出土するのも、謎を深めることになります。しかし、少なくとも、製作者が使うには過剰すぎる数といえます。それを手にすることにより、「何か」が、地域で共有されていた可能性、例えば、お守りのようなものを想像しても不思議ではありません。

なぜ土偶が作られ、どのように使われたのか。その目的と役割についてはいまだ推測の域を出ていません。一つに限られたものでなかった可能性も考慮する必要があります。いずれにしても、「人」を意図した造形ではありますが、人物表現を超越した要素を含むものの方が圧倒的に多いのです。

縄文土偶は、単なる人形ではありません。

図版37 ①

土偶　草創期　【高 3.1cm】

相谷熊原遺跡《あいだにくまはら》・滋賀県 東《ひがし》 近江《おうみ》市

写真提供　滋賀県教育委員会

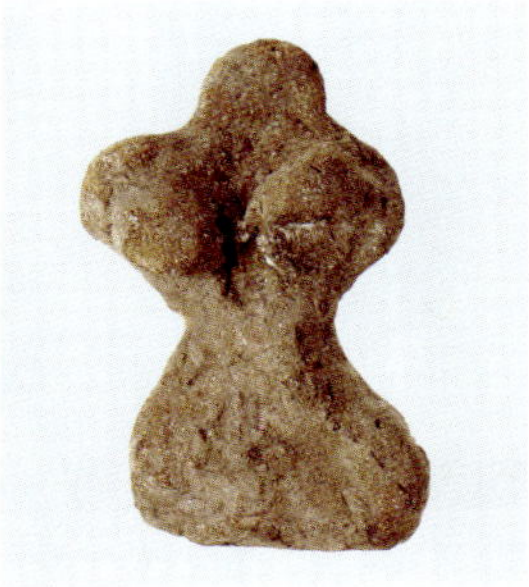

図版37 ②

土偶　早期　【高 4.8cm】

花輪台《はなわだい》貝塚・茨城県利根町《とねまち》

南山大学人類学博物館所蔵

①は西日本で発見された日本で最も古い草創期の土偶。②は東日本で発見された早期の土偶。どちらも初期の土偶とはいえ、数千年の時間差があるにもかかわらず、よく似ている。人間と思わせるのは乳房なのか。①には、何かを差し込めるような穴がある。

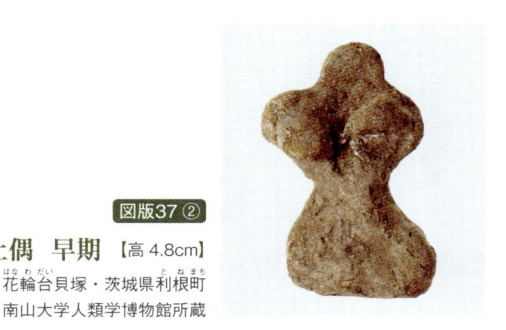

図版38 ① **前期の土偶**【高 19.5cm】
塩ヶ森《しおがもり》遺跡・岩手県岩手郡雫石《しずくいし》町
写真提供　(公財) 岩手県文化振興事業団埋蔵文化財センター

　前期・中期・後期の板状土偶。乳とヘソと考えられる表現は変わっていない。

図版38②

中期の土偶【高24.9cm】

一本松《いつぽんまつ》遺跡・青森西津軽《にしつがる》郡深浦町《ふかうらまち》

深浦町教育委員会所蔵

図版38③

後期の土偶【高18.5cm】

伊勢堂岱《いせどうたい》遺跡・秋田県北秋田市

北秋田市教育委員会所蔵

図版39

板状土偶　中期 【高 15.1cm】

Banjyodogu

石神遺跡・青森県つがる市　つがる市教育委員会所蔵

十字型の板状土偶。一目で人間の眉《まゆ》・目・鼻・口がわかる。

顔が特定されることにより、その下部に貼りつけられた小さな粘土玉３つは、配置から、左右の乳（乳首？）とヘソであると察しがつく。Ｔ形の太さを変えた眉と鼻、貼りつけた粘土塊の真中を押圧してへこませた目、粘土紐を楕《だ》円《えん》にした口など、単純で稚拙なようだが、表現とその位置がすべて的確。そうであるなら、沈線は何を表現したものであろう。

ヘソ直下の縦線のみ、他の鋭い線と異なっている。女性器の可能性がある。

なお、顔面の造形は、後期土偶の特徴を備えている。

十字形の基本形態に加え、要所を備えた内容が豊富であり、縄文土偶として史料価値が極めて高い。

This is a tabular figurine made of clay in a cross shape. It can be clearly recognized that there are eyes, eyebrows, a nose, and a mouth of a human being. The small clay balls below the face are breasts and a belly button.

図版40

胎内形土偶　後期 【高 8.8cm】

Tainaigatadogu

壁谷《かべだに》遺跡・群馬県吾妻郡中之条町《なかのじょうまち》

写真提供　中之条町歴史と民俗の博物館「ミュゼ」　個人蔵

筒形土偶と呼ばれる。円筒の体部が中空、底部は平底で中央に内部へと貫通する穴が開けられたものが多い。また、この種類の土偶の顔は、ハート形土偶（図版７）と同じように平板で斜め上を向いている。こけしのように手足の表現がないのが特徴。

この土偶も、円筒の上面に平たいお面のような顔が、斜め上向きで付けられている。筒は完全な中空にはなっておらず、天井部を丸くした空洞が体部の中程までとなっている。目にすることはできないが、針先で突いたような小孔が、顔面部の口から空洞頂部までを貫いている。文様の特徴は、土器の文様と一致する。

縄文土偶の頂部には、小孔の穿《うが》たれたものが多い。羽飾りなどを差し込んだとする考え方もある。

This is a cylindrical figurine which is unique example that has a flat face looking up with no arms and no legs. All the tiny holes, except for its eyes and mouth, would be used to hold ornamental feathers.

図版41

仮装形土偶　後期 【高 11.9cm】

Kasougatadogu

江原台《えばらだい》遺跡・千葉県佐倉《さくら》市　明治大学博物館所蔵

山形土偶と呼ばれている。山形土偶は、顔の形が山形だからという名前のつけ方に曖昧《あいまい》さがあり、分類に幅が生じて判然としない。

この土偶の顔は、湾曲させた２本の隆帯間に鼻と目と口を設けている。瘤《こぶ》に横線を引いて目と口を表現する手法は、晩期の遮光器土偶に繋《つな》がる祖型であると考える研究者もいる。顎《あご》の両脇の丸い突起は、耳飾りであろう。

腹部と両脚部の間の沈線は、この種の土偶の特徴として普遍的に認められる。乳房・正中線・ヘソの表現が具体的。注意しておきたいのは「背後」。後頭部の丸い瘤を人頭に見立てるなら、なかに人が入った仮装性も考えられる。

A characteristic of this figurine is that its face, arms and legs are clearly shaped in a similar way to those of human beings. The knobs on both sides of the face are earrings. The line drawn down to its belly indicates that it is a figurine of a pregnant woman.

〈後ろ〉

図版42

装身仮装形土偶　晩期 【高 31cm】

Soushinkasougatadogu

手《て》代森《しろもり》遺跡・岩手県盛岡《もりおか》市　岩手県立博物館提供（重文）

遮光器土偶と呼ばれる。しかし、名前の由来となっている目の表現と、雪原の強烈な乱反射から目を護《まも》る遮光器には結びつく要素が少ない。全体の造形技術の巧みさから考えると、顔と頭部の奇妙さは何を意味するのであろうか。実際の人の顔とは考えづらい。乳房の位置がずれ、手や足も成人のものとはほど遠い。

遮光器土偶の実態は、着装性と仮装性を帯びた姿を考慮する必要がある。遮光器土偶が発見される中心地域の東北は、冬は氷点下をはるかに下回ることから、防寒着の推定復元対象にもなるが、後半期の遮光器土偶は再び裸体化の傾向を強める。

人間を超越した仮装の姿かもしれない。

This is called a “figurine with sunglasses.” The name comes from the appearance of the eyes which resemble the eyeglasses Eskimos wear to block the intense diffused reflection of snowfields. The decorations of the figurine are thought to be one dressed in a sacred appearance.

2　縄文土偶の地域色

博物館などの展示を見学すると、板状・筒形・山形・ハート形・ミミズク・遮光器（図版7・8・39～42）といった説明書きを目にします。それらは、かたちや造り、イメージを名前に当てたもので、ニックネームのようなものです。

土偶の呼び方は学術的ではありませんが、それぞれの分類は重要です。板状土偶は、平板で単純な造りですが、縄文時代を通じて存在します。傾向としては、東北の前期や関東の中期に多くみられます。

筒形や山形土偶は関東の後期、ハート形は関東北部から東北南部の後期、ミミズクは関東の後期から晩期、遮光器は東北の晩期というように、それぞれ発見される時期と中心地域があります（第9図）。それが、土偶が地域性を持つことへの裏付けとなります。

特に重要なのは、縄文土偶の地域性が縄文土器の型式の地域性と重なることです。

縄文土偶は、手足や顔のない造形に始まります。人間の姿とかけ離れた三角や四角、十字形に、手足や顔ではなく、乳房やヘソなどを強調した表現が加えられています。早期・前期の土偶にその原型がみられ、それが晩期まで継続的に保持されます（図版38）。

ところで、縄文時代前期は、縄文土器のかたち作りの革命期で、粘土に与えることができる造形の可能性が飛躍的に発展した時期でもあります。前期の終わり頃に謎を深めるものが発見されています（図版43）。土器としてみると、不安定な底とかたちに違和感があります。天地を逆にすると、首から上の人の顔となります。唯一の発掘例で解釈に窮する資料ですが、土器と人間の顔が一体化しているという点は見逃せません。

人の顔が写実的で具体的な造形となっているのは、精霊体文様や神聖な物語性文様に意味をもとめる世界観がまだ生まれていなかったことを示唆します。この考え方が妥当なら、孤立した存在でも重要な意味を持つことになります。

時を同じくする頃、板状の胴部に抽象的な手足や頭を表現した土偶が登場するようになり、文様が加えられるようになります。それは、同一地域に分布圏を持つ土器の文様と一致します。

中期になると、縄文土偶に大型化と立体化が起こり、独特の地域色を誕生させます。大型化した土偶のなかには、30㎝、さらには40㎝を超えるものも現れます。立体化は、板状の胴部に手足と顔を加えた五体表現となり、特に腹部と下半身の誇張は、出尻《でっちり》の造形と安定をはかる太い脚部という際立った特徴をみせます。

長野県茅野市の棚畑遺跡から発見された土偶（図版5）は、大型立体土偶の代表例として知られています。十字形で厚みのある板状に近い胴部表現に手足と顔が加えられています。滑らかなラインで五体をかたどり、腹部を膨らませ、豊かで張りのある出尻と脚がしっかりと胴体を支えています。

注目したいのが顔で、目や鼻や口とその構図が土器の顔面表現（図版2）と共通しています。つまり、土偶と土器の造形が同化しているのです。問題となるのは、胸や腹や腰の具象性を帯びた女性的表現に比べ、手足及び顔が人を超越した作りとなっており、謎めきと神秘性とともに、仮面をつけた姿を連想させる仮装的な要素をも含んでいることです。

ちなみに、時代は異なりますが、仏像など、ヒトガタ造形物の多くが、手足や顔に重点が置かれているのと比べると、縄文土偶と縄文土器の特徴は、抽象と具象の融合にあるといってよいでしょう。

縄文土偶と縄文土器との関係に、もう一つ新たな動向が現れます。人のかたちが土器の文様に組み込まれ、土器と土偶とが一体になった「土偶文様」が誕生します（図版21・22）。土器に取り込まれた人体表現は、はじめは土器の胴部に加えられます。そして次第に口縁部上で突起化するようになり、やがて土器の内側を覗《のぞ》きこむように口縁から立ち上がる造形となります。顔面把手は立ち上がったものが発展したかたちです。

いずれも、日本列島の中央部に位置する関東甲信地域、井戸尻系・勝坂式という中期土器群の分布圏がその舞台です（第6図）。縄文時代中期という限られた時期に、縄文土器の文様に、複数の生命体が融合した動物や人間を模した、精霊体文様や物語性文様が発達する地域です。

土偶と土器との同化現象は、その背景に存在する人間が、同じ意図を重ねていることを示しています。神秘性と仮装的な要素を含んで立体化した大型の縄文土偶と、井戸尻系・勝坂式の縄文土器は、日本列島の中央部という限られた場所において、世界観を同じくして誕生した地域色であると考えられるのです。

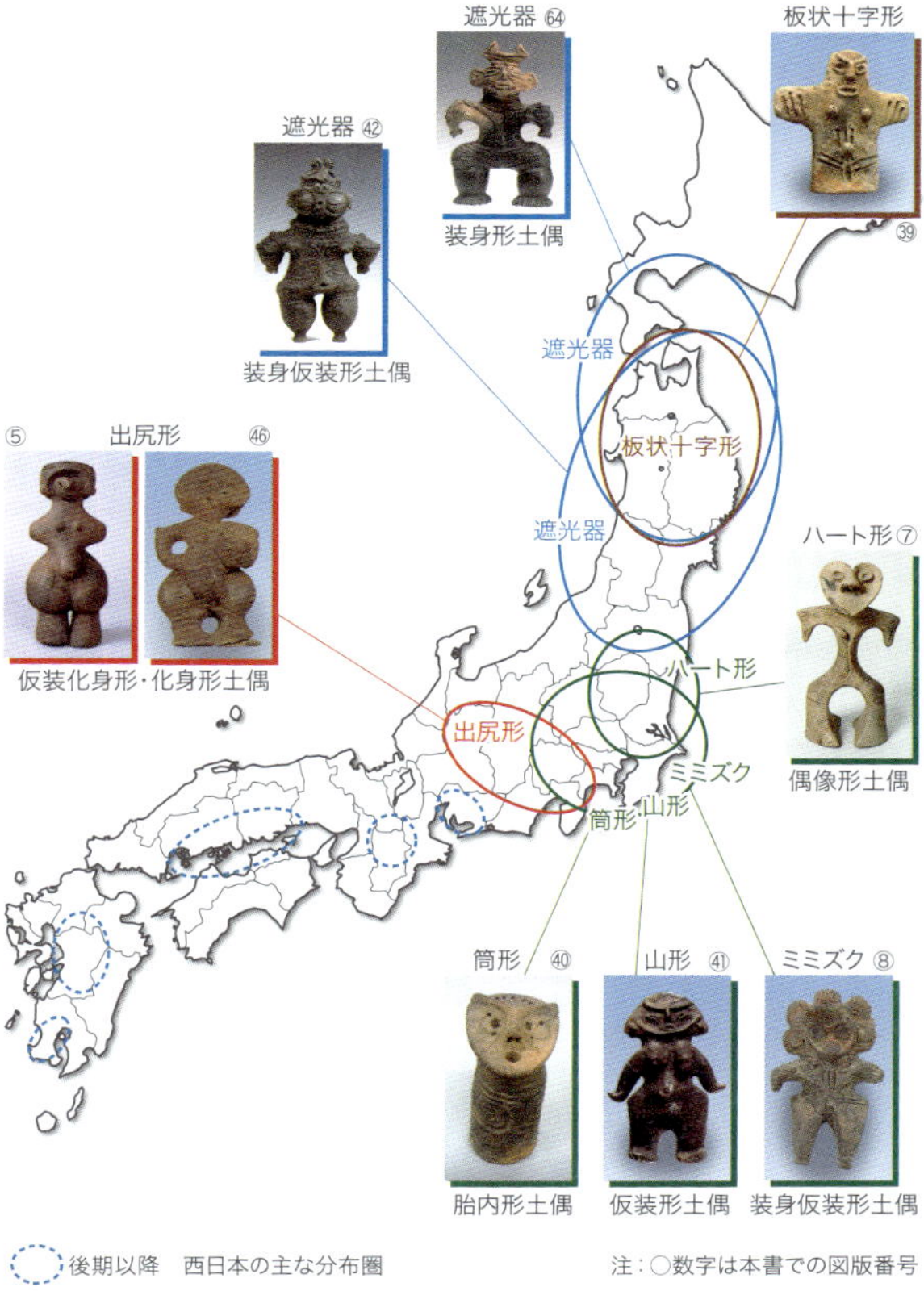

第9図　土偶の時期別地域別主要分布圏

図版43

人面形土器　前期 【高 15.5cm】

Jinmengatadoki

南《みなみ》羽《は》鳥《とり》中《なか》岫《のごき》第1遺跡・千葉県成《なり》田《た》市　成田市教育委員会所蔵

草創期から晩期までの１万年を超える長い歴史時間の中で、人を意図した造形物としてこれほどまでに写実的なものは、ほとんど存在しない。

浅く掘り込まれた土坑の片隅から、横倒れた状態で発見された。

丸底の深鉢形土器に粘土塊を貼りつけ、眉・鼻・目・口を作り出し、土器を人の顔として仕上げている。鼻には小さな穴２つが穿たれている。また、口縁部＝首の部分の前後・左右に貫通孔がある。

前期は、土器に人形文はなく、精霊体文様もない。土偶は板状で顔の造作はほとんど見られない。

突然出現した、唯一の事例には、謎が重なる。

This is a round-bottomed pot discovered in a grave. It has eyes, eyebrows, a nose, and a mouth, that it is finished as a face. It might be indicating one resting in peace.

図版44

胎内形土偶　中期　【高 11.2cm】

Tainaigatadogu

楢原《ならはら》遺跡・東京都八王子《はちおうじ》市　八王子市郷土資料館所蔵

土鈴形土偶とも呼ばれる。竪穴《たてあな》住居跡内出土。X線写真をみると、中空のつくりで、内部に鳴子のような丸い玉（材質不明）がみえる。

振ると音がするという。体部の文様に手数をかけ、乳房やヘソなどの表現に粘土帯や沈線を駆使している。

小形であるが、手慣れた巧みな造形といえる。目と口と顔の形に表れている表情は、癒《いや》し効果のある柔和な笑顔か？

この手の土偶は、数は少ないが類例は知られている。

土偶を作る目的や機能に多様性があった可能性を示す事例。

In the X-ray photo, a ball can be seen inside that makes a sound when shaken. Among the patterns on the figurine, there are breasts and a belly button.

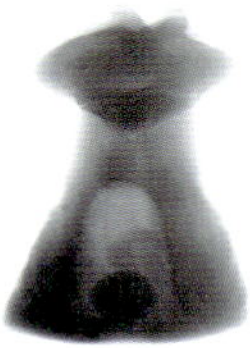

X線写真

図版45① **土製品　後期**　【高 18.2cm】
十腰内《とこしない》2遺跡・青森県弘前《ひろさき》市　弘前市立博物館所蔵

　縄文時代には、土器や土偶以外にも様々な土製品がある。特に後期から晩期になると、その種類も数も増える。イノシシやイヌ、クマやサルなどの陸棲《りくせい》の動物の他、イルカやカメなどの水棲《すいせい》動物、さらに巻貝やキノコや耳飾りなども存在する。土製品の多くは、それが何であるかがわかるように具象化された巧みな作りで、縄文人の創作力が優れていたことの証《あかし》となる。抽象文や精霊体文様の謎めいた表現が意図的な造形であることを裏づける。

図版45 ② 土製品　中期【高 6.3cm】
桔梗《ききょう》２遺跡・北海道函館《はこだて》市　写真提供　北海道立埋蔵文化財センター

図版45 ③ 土製品　後期【高 8.3cm】
尾上山《おのえやま》遺跡・青森県弘前市　青森県立郷土館所蔵　風韻堂コレクション

3 縄文土偶と女性表現

土偶は女性像であるといわれています。

観察してみると、乳房や妊娠した腹部・女性器・臀部《でんぶ》など、確かに女性の特徴を象徴的に表現したものが目立ちます。妊娠期の正中線の表現が指摘されている土偶もあります。土偶を多産を通じた豊饒の願いなどの対象と考えると、繋がりが指摘されている農耕文化の「地母神信仰」が思い浮かびます。

しかし、縄文土偶の特徴は、「特別な機能を持つ部分」へのこだわりにあります。それが、乳房やヘソや女性器を強調する造形となっています。そのなかでも「ヘソ」に対するこだわりには強いものがあります。新たな命は、母とヘソの緒で繋がれて誕生するからでしょうか。特別な機能を持つ部分は、胴部に集中しています。

注意を要するのは顔や全身の形態です。女性の「産む」・「育てる（母乳）」・「証《あかし》（正中線）」・「絆《きずな》（ヘソ）」という4要素を印象付ける胴部の具体的な表現に対し、手足や顔はあまりにも省略化・抽象化されすぎています。

縄文土偶が人間の女性を意図的に表現したものならば、なぜ人間に特徴的な手足や顔が、胴部と全く違う作りになっているのでしょうか（図版5）。

人間集団が滅びないためには、新たな命の誕生が不可欠です。妊娠した女性と新生児と幼児の存在は、最も重大な関心事であったはずです。女性の産む力と新たな命の誕生と死は、食べることと同じく必然的であり、最も身近な出来事であったものと考えられます。

縄文土偶の姿は、女や男でなく、「特別な機能を持つ部分」と産まれる命と失われる命に対する強い意識の現れが、新たな命を生みだす男女の性を包括した、超人間的な精霊体を創造した造形であった可能性があります。

図版46

化身形土偶　中期 【高 22cm】

Keshingatadogu

目切《めきり》遺跡・長野県岡谷市　市立岡谷美術考古館所蔵

大きなお尻《しり》が特徴で、出尻土偶とも呼ばれる。

この土偶で最も注目されるのは、物（土器？）を抱きかかえていること。両手首に腕輪、乳房・正中線・女性器、さらに肛門《こうもん》まで具体的。それでいて、顔や手は謎めいた表現。人間を超越した何かの化身であろうか。

股間《こかん》を左右それぞれ三叉《さんさ》状に窪《くぼ》ませた部分は、対称弧刻文と呼ばれ、限られた時期と地域の特徴として認められる。

顔の表現は土器の顔面把手、手は図版 28 の精霊体文様、腹部や腿《もも》の刺突文は同時期の土器の文様に一致する。

足元は連結されて土台になっている。立てて安定化を図るのに効果的だが、珍しい造作。なお、耳の後ろには縦の貫通孔がある。羽飾りのようなものを差す穴ともいわれる。

This is a mysterious naked figurine. A particular focus is that it is holding an object. This kind of expression is unusual. The object is thought to be a Jomon pottery.

〈後ろ〉

図版47

仮装化身形土偶　中期 【高 16cm】

Kasoukeshingatadogu

坂井《さかい》遺跡・山梨県韮崎市　坂井考古館所蔵

出尻土偶と呼ばれる。板状十字形の上半身に、顔と下半身を取り付けた形態で、顔の表現は土器の顔面把手と共通している。下半身は豊かに膨らみ、乳房・正中線・ヘソが表現され、下腹部に施された対称弧刻文の頂部が描くラインが、ヘソと腹部を強調する効果を上げている。十字形の両腕の先には、土器の文様と同じ押し引き刺突文が加えられている。横位方向で平行なのは、指を意図したものであろうか。右腕（写真では左）に４本、左腕に３本、指の数５本と４本で合っていない。自立させるための工夫として、足裏が平たく、つま先部分が前方に長く突き出した作りとなっている。

This is a figurine with a distinctive feature of large buttocks.
The upper half is flat clay in a cross shape, and its head and the lower half are attached. It represents a sacred spirit with the power of giving birth.

図版48

仮装化身形土偶　中期　【高 18cm】

Kasoukeshingatadogu

多摩《たま》ニュータウン No.471 遺跡・東京都稲城《いなぎ》市

東京都教育委員会所蔵

出尻土偶と呼ばれる類。この土偶も板状の上半身に顔と豊かに膨らんだ下半身をつけている。顔は、後続するハート形や筒形に近くなっており、平板でやや上向き加減。眉間の作りのみ土器の顔面把手の形跡を残す。正確な位置に粘土を貼り付けた鼻には鼻腔《びこう》が穿たれ、目と口は横引きの沈線。後期になると、目と口も粘土が貼り付けられるようになる。

乳房（右剝落《はくらく》）・正中線・ヘソの表現が鮮明で的確。それだけに、正中線上端の刺突文の意味が不明。

下腹部の対称弧刻文の彫り込みが丁寧で、形がよくわかる。その下に逆三角の彫り込みが加えられている。対称弧線文の意味はわかっていない。この土偶の場合、彫り込んだ部分が白く色付けされている。顔の一部と右腕、両脚が欠損。

It is an unsolved question as to why its abdomen is engraved. This feature is common for figurines with large buttocks. When excavated, the right side of the breast and legs had already been damaged.

図版49

仮装化身形土偶　中期 【高 19cm】

Kasoukeshingatadogu

姥《うば》ヶ《が》沢《さわ》遺跡・長野県中野《なかの》市　写真提供　中野市教育委員会

板状十字形に頭と下半身を加えた出尻形の立像土偶。土器の顔面把手の名残をわずかに眉に残す。頭頂部は図版５のように平坦《へいたん》だが、結髪状の隆帯表現がある。

乳房・正中線・ヘソの表現が明確。ヘソ下の沈線は、女性器を意図したものであろう。その中軸線から両側に描かれた円弧の末端が、相対する沈線で縦平行に引かれている。対称弧線文と通ずる可能性がある。

土器に類する沈線文が、肩まわりと下半身に集中している。裸体表現であるが、装身にかかわる表現であろうか。

安定と丈夫さに対する工夫として、足裏が平坦で広く、そして下端で連結された作りとなっている。

This is a figurine with bulging buttocks. Its breasts, median line, and belly button are clearly expressed. The line below the belly button is female genitalia.

〈後ろ〉

4　謎に謎が重なる縄文土偶

私たちが目にすることができる縄文土偶は、歴史時間を越えた存在です。当然のことなのですが、遺跡から発見される資料は、何千年もの長い時を越える間、残るものと残らないものがあります。

例えば、縄文土偶には、ところどころに赤色顔料が付着したものがあります（図版8・55・57・59・60など）。それは、縄文時代に赤く色付けされていた「化粧」が落ちてしまい、その痕跡だけが残っている状態だと考えられます。

つまり、焼き物や石などは残りますが、腐るものや変質・劣化するものは、長い歴史時間を過ぎる間に消えてしまうのです。

土偶の細かな部分に注意しながら観察すると、頭や肩などにある小さな孔《あな》を見つけることができます。焼き物に仕上げられた後に穿たれたものでなく、焼き上げる前に、細い棒状のものを突き刺すようにしてつけられていることから、製作者があらかじめ意図した、土偶に必要な機能と考えることができます。

この小孔に着目する研究者もいます。三上徹也《みかみてつや》氏は、縄文土偶に認められる刺突文の分析から、文様の施文具として、根元部分が管状になっている鳥の羽が適応することを見出《みいだ》し、さらに粘土に小孔を穿つことも可能であると記しています。そして、鳥類が木の枝をつかんだ時の前「3本指」の特徴など多角度からの視点を加え、空を飛翔する鳥と、人間が及ばない存在を尊ぶ世界観と結びつけ、縄文土偶を縄文時代の姿に蘇生《そせい》させるヒントを示しています。

三上氏が考える縄文土偶は、小孔に差し入れた鳥の羽を背後に、優雅で神秘性を帯びた縄文の姿を現すことになります。

縄文土偶すべてに鳥の羽が飾られていたということではありません。縄文土偶を理解しようとする場合、時を隔てた縄文の時代に土偶をかえし、本来の姿を蘇《よみがえ》らせる必要があるのです。

図版50

偶像形土偶　中期 【高 45cm】

Guuzougatadogu

西《にし》ノ前《まえ》遺跡・山形県舟形町《ふながたまち》　山形県立博物館所蔵（国宝）

最大級の立像土偶。姿形が他のすべての縄文土偶の類《たぐい》から逸脱している。特に四角い脚の表現は稀有《けう》。四角い作りは、縄文土器や縄文土偶には用いられない。しかし、基本的な部分で一致する。

板状の上半身に顔と下半身をつけている。正中線の両脇を隆帯で縁取って表現を変え、腹部強調の意図が示されている。正中線下の1点はヘソであろう。出尻は図版46他、脚他一部は図版7、足の連結は図版46・49・61に類する。

この土偶で注目すべきは、頭頂部に穿たれた複数の小孔にある。加飾（図版51）を含めた機能に結びつく明らかな作為であろう。

奇抜ゆえに未知が重なるが、重要度は高い。

This is one of the tallest Jomon figurines found. It is unique that the legs are square-shaped.

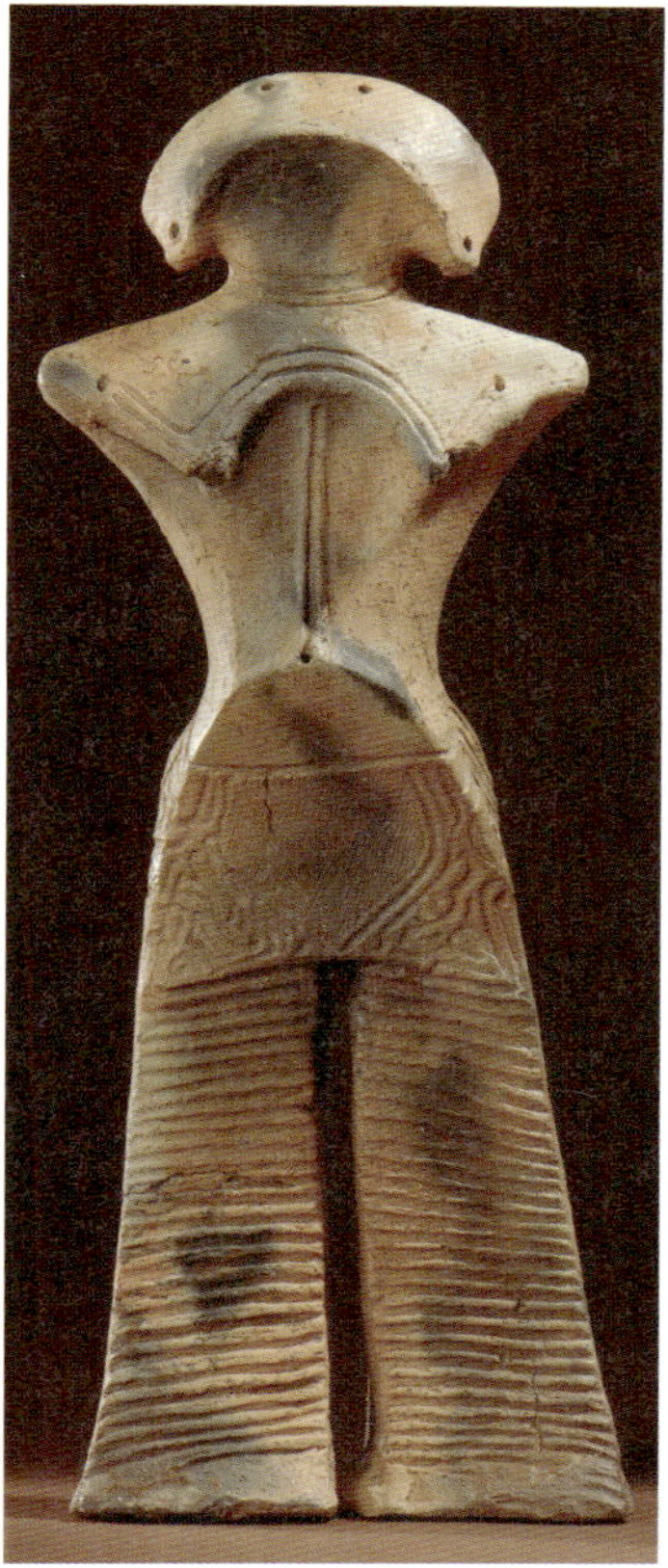

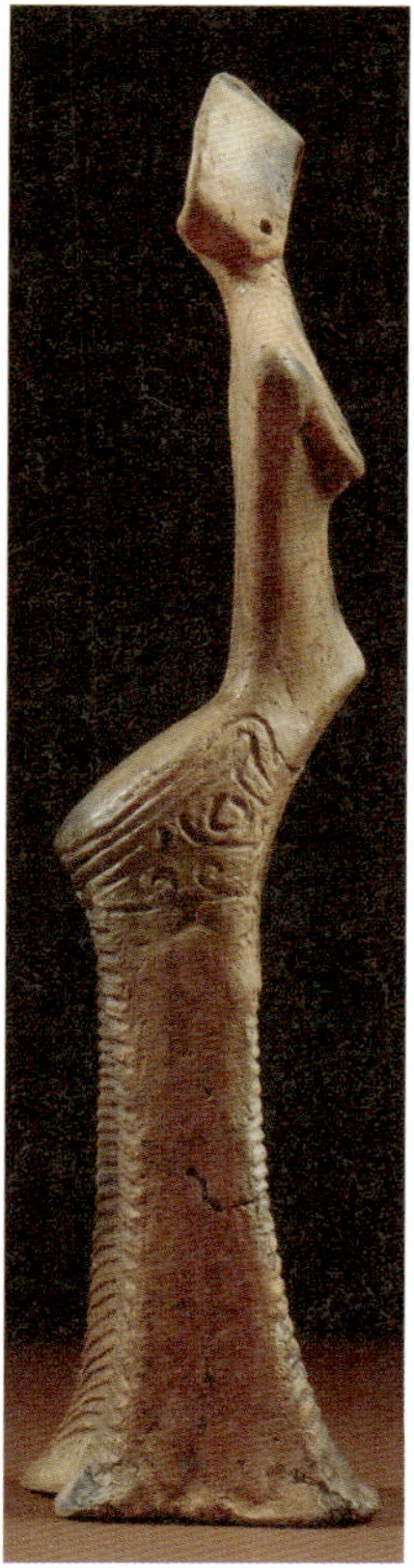

〈横〉

現在私たちが目にする縄文土偶、特に仮装性が表現された土偶などは、さらに何らかの装身具を帯びていた可能性があります。

縄文土偶と向き合う上で、もう一つ課題があります。それは、大きさです。縄文土偶には形だけでなく、大きさにもいろいろあるのです。全体の形を残して発見されている縄文土偶の最大級では、45㎝に達するものもあります（図版50）。

一方で、5㎝にも達しない小さなものもあります。しかし、小さいからといって手を抜いていることはありません。土偶に必要な造形は、見てわかるようにきちんと表現されているのです（図版52）。大きくても小さくても、縄文土偶に変わりはなかったようです。

小さな土偶は個人用ではないかと、指摘する研究者もいます。

図版51 土偶の小孔に羽飾りをつけた展示
藤内遺跡出土土偶
土偶の頭頂部に蛇体文が施されている
井戸尻考古館の展示

縄文土偶で注目されるのは、大きくても小さくても同じように作られている点にある。

長野県考古学会事務局長の三上徹也氏は、小ささは皆に見られることを必要としない、大きいことは皆に見られる意識ととらえ、小さな土偶を個人、大きな土偶を拡大した集落に結びつける考えを示している。

縄文土偶は、小さくても大きくても縄文土偶なのである。

花上寺《かじょうじ》の土偶は、土器の顔面把手顔、出尻体形に正中線が表現されている。

神立平《かんだつだいら》の土偶には、乳房・ヘソ・腹部の強調があり、顔はミミズク形の特徴をもつ。

同じく顔面把手顔の諏訪原《すわのはら》の土偶には、乳房に加えて対称弧線文までがわかる。

どれもあまりに可愛らしいが、偶然だろうか。

All three figurines are to scale. Although there is a variety of scale for Jomon figurines, small figurines like these are created with the same features as larger ones.

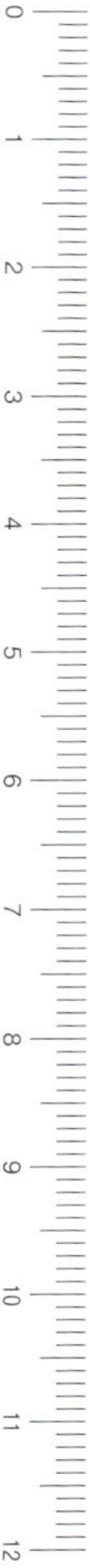

図版52 ①

小形土偶（化身形）
中期【高 4cm】

花上寺遺跡・長野県岡谷市
市立岡谷美術考古館所蔵

図版52 ②

小形土偶（仮装形）
後期【高 4.5cm】

神立平遺跡・茨城県土浦《つちうら》市
上高《かみたか》津《つ》貝塚ふるさと歴史の広場所蔵

図版52 ③

小形土偶（仮装化身形）
中期【高 5cm】

諏訪原遺跡・山梨県北杜市
北杜市教育委員会所蔵

5　縄文土偶の進化　精霊から人間へ

縄文時代に土偶が作られた目的の特定は非常に難しい。土偶が「人」を意図して造形されたものであったとしても、単なる人物表現を超越した要素が含まれていることは確かです。

縄文土偶には、手足や顔よりも、胴部にある乳房やヘソなどに対するこだわりがあります。ところが、乳とヘソはそうであっても、前期までは五体の表現が乏しく、人間の造形としては不完全です。前期の終わり頃になると、板状土偶の胴部に、抽象的な手足や頭を表現した土偶が登場します。

中期に登場する大型で立体的な土偶は、少なからず人間に近い五体表現となりますが、胴部の胸やヘソ、腰や性器の具体的な表現に対し、手足や顔の造形は抽象的なままです。生身の人間を示す手足や顔が存在しません。架空の存在を含め、仮面や仮装の要素を含んでいます。

関東甲信という限られた地域で萌芽《ほうが》して発達した謎を秘めて大型化した土偶は、中期の後半期においてそのエネルギーを沈静化させます。そして、再び登場する土偶は、仮装性のみを帯びたものとなり、後期そして晩期へと人間の五体表現が進むなかで、手足や顔の造形がさらに具体性を帯びます。

縄文土偶にみる人間の表現という点で、注目したいのが装身仮装形土偶です(図版8)。

ミミズクの愛称で呼ばれるこの後期後半の土偶は、大顔であることや全身の形態など、遮光器の名で知られる晩期土偶につながる要素を多分に含んでいます。注目ポイントは、乳房・正中線・ヘソ・女性器という縄文土偶4要素の変化にあります。注意して後期以降の土偶を観察すると、乳房の位置がずれていることに気づきます。正中線は曖昧となり、その痕跡をたどれなくなります。文様に同化して、本来あるべき位置を失った配置となっているのです。

その原因に、着衣の表現が考えられます。

中期以前は、沈線模様による着衣の可能性が指摘されるものもありますが、形そのものは裸体のラインとなっています。それに対して、後期の装身仮装形土偶は、形態そのものが着衣表現に変化しています。後続する晩期の遮光器土偶は、着衣性を無視できません。これは、縄文土偶に人間性がより強く組み込まれるようになった変化ではないかと考えられます。

縄文土偶は、縄文時代を通して次第に人間化を強めているのです。

一方で、筒形をした特殊な土偶が、晩期最終末の関東甲信から東北で発見されるようになります（図版65）。人間と分かる顔のみが具体的で、手は抽象的な腕だけのいかり肩。足はなく、胴体がスカート状に膨らむ円筒形の平底容器という形態が特徴となっています。

なにが特殊かというと、中空となっている体部（容器）のなかから幼児の骨が発見されているのです。続く弥生《やよい》時代には、蔵骨器として用いられた人面付き壺形《つぼがた》土器があります。この胎内形土偶の容器部分を母体と想定し、夭折《ようせつ》した命を母体に返して供養した、あるいは再生を願ったと考えられています。

この土偶が、縄文土偶の最後の姿なのか、あるいは弥生時代の新たな姿なのか、研究者の見解は統一されていません。

唐突ですが、**図版6**の縄文土偶と比較しながらみてください。

縄文時代の中期と晩期とでは、数千年の時を隔てています。2体にみる縄文土偶の4要素（乳房・正中線・ヘソ・女性器）、そして謎の対称弧線文が一致しています。注意深く観察すると、正中線とヘソが男性器となり、対称弧状文が女性器となって結合しているかのような、性的な表現となっています。

縄文の人々は、超人間的な力を敬い畏《おそ》れ、精霊体の化身を創造し、そして融合して分身となり、仮装で「人間化」を強め、ついには自然界から人間を遊離させたのではないでしょうか。その大転換点として、縄文時代の中期と後期が浮かび上がってきます。

図版53

仮装形土偶　後期　【高 12.2cm】

Kasougatadogu

椎塚貝塚・茨城県稲敷《いなしき》市　大阪歴史博物館所蔵

山形土偶と呼ばれる。この土偶は、江原台遺跡出土土偶（図版41）と類似する。土偶の大きさはミリ単位の差だけでほぼ同じ。全身の形状もよく似ている。しかし、比較して見ると、江原台の土偶は女性的な柔らかさがあり、この土偶は肩や腰周りなども含めて硬く、男性的である。

具体的な違いも多い。顔周り、乳房、正中線、首周りなど違いは明らか。この土偶の目・鼻・口が一体化した顔の口周りには、髭《ひげ》か刺青《いれずみ》のような刺突まである。しかし、細かい部分の違いはあるにしても、全体の形状が偶然でここまで似るということは考えづらい。

土偶作りに、模倣性と目的の共有があったことを裏付けている。

This figurine is similar to one found at the Ebaradai site, illustration No.41, in size and shape. Although both figurines have breasts, this one looks masculine compared to the other. Perhaps it is a figure with a costume.

図版54

仮装形土偶　後期 【高 34cm】

Kasougatadogu

中《なか》ッ原《ぱら》遺跡・長野県茅野市　茅野市尖石縄文考古館所蔵（国宝）

副葬品として発見された土偶。三角形の平たい顔は、仮面。仮面とわかるのは、面の裏が、２本の紐《ひも》を頭に巻きつけた具体的な表現となっているからである。三角面下部の突起は、鼻腔の表現から鼻とわかる。その下の小孔は口。目の位置に小さな穴が２つずつ４つ穿たれているが、目と関係するのであろうか。

胴部から腕には、縄文と沈線と磨きを巧みに組み合わせた土器と共通する文様が、ヘソと女性器を縁どって強調させた構図で描かれている。乳房と正中線の表現がない。女性を意図した造形のようでもあるが、着衣性とともに仮装のようでもある。

中空土偶で、首には小穴が左右に貫通しているが、その目的はわからない。

This appears to be a female figurine with emphasized expression of the belly button and female genitalia. It might be a figurine with a costume as it has a triangular mask on.

〈横〉

図版55

板状仮面形土偶　後期 【高 32cm】

Banjyokamengatadogu

有戸鳥井平《ありとりいたい》４遺跡・青森県上北郡《かみきた》野辺地町《のへじまち》

野辺地町歴史民俗資料館所蔵

板状の三角形に顔と脚をつけた形態の大きな土偶。

厚さ 2㎝～ 2.5㎝。足裏が平たく作られているため、不安定だが支えなしで立っている。

両肩に上から脇へと貫通する小穴が穿たれている。紐を通せば吊《つ》り下げることもできる。鉢巻のように見える頭の後ろ側は、粘土紐を貼り付けたターバンのような結髪状。

顔の眉・鼻・鼻の穴・口・目・乳房(乳首？)・ヘソ・女性器が具体的に表現されている。具体性が特徴であるなら、全身の文様は、衣装や刺青を意味する可能性がある。頭部に塗布された朱色（ベンガラ）が残る。

Although it looks unstable, it stands without support. The face, breasts, a belly button, and female genitalia are clearly expressed. The patterns on the whole body of this figurine might be tattoos.

図版56

(人形) 土偶　後期 【高 19.8cm】

Hitogatadogu

天神原《てんじんばら》遺跡・群馬県安中《あんなか》市　写真提供　群馬県立歴史博物館

縄文後期以降、人間化を強める土偶の代表的な事例。中期までの土偶とちがい、人間の五体が、腕や脚まで人間に近い姿の作りとなっている。特に手足の指は、それぞれ左右４本すべてに、はっきりと４本の線が引かれ、５本の指を数えることができる。後期以降の土偶で指を表すものが見られるが、数には無頓着《むとんちゃく》のようで、５本を意識して５本の線を入れて６本指になっているものや、10本以上の線を入れた例もある。

この土偶の特徴は具象性にある。それだけに、腕と腰周りの沈線には興味を引かれる。正中線と思われる線が、ヘソからのど元まで引かれているのは何を意味するのであろうか（図版６も同じ)。

The eyes, eyebrows, a nose, a mouth, and ears as are made so clearly that one can tell that it is a human. The fingers and a toe are expressed as well. There are few examples, like this figurine, of drawing four lines to express five fingers.

図版57

仕草土偶　後期 【高 20cm】

Shigusadogu

風張《かざはり》1遺跡・青森県八戸市

八戸市埋蔵文化財センター是川縄文館所蔵（国宝）

合掌土偶、あるいは蹲踞《そんきよ》土偶などと呼ばれる。座って手を合わせた格好の土偶は珍しい。これほど手足を人間らしく作ったものも希少。

この土偶は、少し離れたところでみつかった左脚の折損部分にアスファルトが付着していた。研究者は「修復の痕跡」と指摘する。それも珍しい。

もう１つ、赤色顔料の付着が認められることから、赤く塗布されていた可能性が考えられる。珍しいことづくしの土偶である。

人間を具象的に表現しているが、平板な顔だけは土偶顔の面影を残し、仮面をつけているようにもみえる。

This is called a "figurine with hands folded in prayer." It is quite rare for this style of figurine to be found. There are marks of broken legs bonded by natural asphalt, and a trace of red paint.

〈横〉

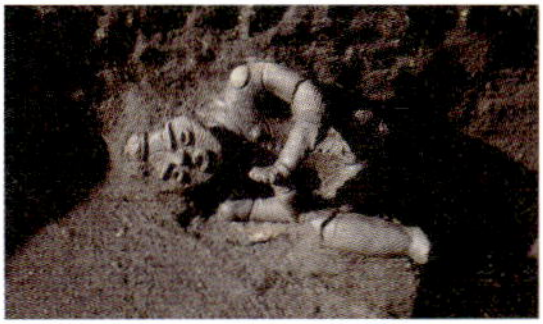

出土時の状態

図版58 ① 仕草土偶　後期 【高 21.5cm】

Shigusadogu

上岡《かみおか》遺跡・福島県福島市　福島市教育委員会所蔵

この２体の土偶で注目すべきは、人間的なしぐさが表現されているという点にある。

「人間化」を強めるのは、すべての縄文土偶ではない。神秘性や仮装性を帯びた縄文土偶が進化するなかで、人間化を強める土偶が登場することに意味がある。

〈横〉

〈後ろ〉

図版58② 仕草土偶　後期　【高 8.2cm】

Shigusadogu

野《の》面《おもて》平《たい》遺跡・青森県三戸《さんのへ》郡田子町《たっこまち》　弘前大学北日本考古学研究センター所蔵

図版59

装身仮装形土偶　後期 【高 13.2cm】

Soushinkasougatadogu

余山《よやま》貝塚・千葉県銚子《ちょうし》市　（公財）辰馬《たつうま》考古資料館所蔵

姿形がミミズク土偶（図版８）や山形土偶（図版 53）と呼ばれる類につながる特徴を備えている。顔の両側面は耳たぶ状であるが、ミミズク土偶に特徴的な耳飾りは不明確で、小孔が貫通した状態であけられている。

乳首中央の正中線の環は、ヘソか女性器と考えられるが、特定は難しい。

全身に縄文が施され、１本１本引かれた沈線は、胸を境に角度を変え、顔面は弧線に変えて描き分けている。寸断されたような頭頂は平らで、縄文と沈線文と刺突文によって、全体を１つの画面にした図柄が描かれている。

右腕・右脚と顔の上端角が欠損（推定復元）。

Although it has a mysterious appearance as a figurine, its breasts, median line, and belly button are clearly expressed. The top of its head which is used as a canvas to draw a pattern is fairly flat as if it was cut in the middle.

〈後ろ〉

〈上〉

図版60

装身仮装形土偶　後期 【高 17.3cm】

Soushinkasougatadogu

千網谷戸《ちあみがいと》遺跡・群馬県桐生《きりゅう》市　桐生市教育委員会所蔵

ミミズク形土偶の類。縄文時代の後期後半の安行式土器群に伴うかたちで発見される。全体に施された文様の特徴は土器と一致する。縄文土偶と縄文土器との繋がりが密接であるとわかる。

大きな顔とボタン状にした粘土を貼り付けて表現したまん丸の目と口と耳飾りがこの類の特徴。ミミズクのあだ名は、その丸い両目の印象にある。

この土偶は、典型的な図版８と比較すると、口と耳飾りの表現が沈線となっており、結髪も山形に近い。形態には着衣性がみられ、乳房・正中線・ヘソ・女性器という縄文土偶の４要素の表現が曖昧になっている。

右腕と右脚は欠損した部分の推定復元。

It is a distinctive feature that it has a large face for this size and its eyes with button-shaped clay, a mouth, and earrings are all perfect circles. The expressions of the breasts, the median line, the belly button, and the female genitalia are vague.

図版61

(人形) 土偶　後期 【高 41.5cm】

Hitogatadogu

著保内野《ちよぼないの》遺跡　北海道函館市

写真提供　函館市教育委員会 (国宝)

人間表現が具象的な土偶で中空の造り。両腕と右頭頂部の一部欠損。土壙墓《どこうぼ》内の副葬品として発見された。胸部及び下半身の模様は、土器の模様に共通する。

顔も体形も人そのものの表現となっており、謎めきや神秘性は認められない。

この土偶の特徴として、顎まわりとヘソから下腹部にかけた部分に加えられた円形刺突文がある。髭や陰毛を表したもので、股間部分と合わせて男性像の可能性を指摘する見解もある。足の結合部に開けられた穴は、中空の内部とつながっている。焼成時の空気圧抜き説がある。

部分的に黒漆の付着が認められることから、彩色されていたものと考えられる。

There is no recognition of mystique as the representation of its face and appearance looks to be a human being itself. Both arms were missing before it was found.

〈後ろ〉

図版62

装身仮装形土偶　晩期 【高 34.5cm】

Soushinkasougatadogu

亀ヶ岡遺跡・青森県つがる市（旧木造町）

東京国立博物館所蔵　Image:TNM Image Archives

遮光器土偶と呼ばれる典型例。胴部を中心に施文された文様は同一地域に分布圏をもつ亀ヶ岡系（大洞式）土器と一致する。縄文土偶は、乳房・正中線・ヘソ・女性器の表現を４要素とする。しかし、この土偶を見ると、それらはいずれも着衣性を帯びた体部の文様のなかに組み込まれて変形し、わずかにその形跡を残す状態となっている。

遮光器土偶は後期から晩期末までを通じて、隆帯による眉・目・鼻・口の表現が系統的に変化すると考えられている。例えばこの土偶は、晩期初頭期に目の表現が最も誇張された段階にあたる。顔へのこだわりは、顔や手足の表現に乏しかった縄文土偶が、後期以降、明らかに変化したことを意味している。

It is a typical of a figurine with sunglasses. Its eyes resembling of eyeglasses are emphasized.

図版63

装身形土偶（頭頂部右欠損） 晩期 【高 18.3cm】

Soushingatadogu

杉沢《すぎさわ》遺跡・山形県飽海《あくみ》郡遊佐町《ゆざまち》　奈良国立博物館所蔵

後半期の遮光器土偶と呼ばれる類。

遮光器土偶の特徴は、乱反射する雪の強烈な光を遮って目を護るイヌイットの遮光器という眼鏡に似た目の表現にある。その特徴的な表現は、前半期に顕著であるが、次第に形を変え、楕円に一文字線となる。

後半期の遮光器土偶の変化は、胴部がスリム化する。この土偶は縄文土偶の４要素となる正中線とヘソの表現位置が、文様に組み込まれながらも本来あるべき位置に戻っている。乳房は、判断しにくい位置にあるが、女性器は明確に表現されている。ヘソなどの穴は、焼成時の空気圧調整の機能をもつ。図版5・42・54・61・62・64など、中空造りの土偶に共通して認められる。

The four decorative elements of Jomon figurines: the breasts, the median line, the belly button, and the female genitalia, had changed into patterns from decorative expressions. As an example of the change, the position of the breasts is put off to the side.

図版64

装身形土偶　晩期　【高 16.6cm】

Soushingatadogu

鍛冶沢《かじさわ》遺跡・宮城県蔵王町《ざおうまち》　仙台市博物館所蔵

後半期の遮光器土偶と呼ばれる類。

正中線はＶ字に変形し、乳房は腕の付け根にずれている。下半身は仁王《におう》立ちの形態を残すが、文様が腰回りだけに施されているため上半身と分離し、幼児がオシメをあてたような文様の構図になっている。

後期以降に着衣性を帯びて人間化した縄文土偶は、再び裸体化する。しかし、中期とは異なり、顔や五体の表現が明らかに人間の特徴を表すものに進化している。人間が神秘的な精霊体に仮装するというより、人間に精霊体が憑《ひょう》依《い》したかのような造形。

足指の表現が興味深い。右足に６本、左足に７本の刻み線。縄文土偶は指の数に無頓着な傾向をみせるが、７本は８本指になる。手の省略と、足指のいい加減な細かさの差は何を意味するのだろうか。

At the start, Jomon figurines represented spirits with supernatural power. In the next phase, the representation changed to sacred spirits of humans dressed up. Finally, it became humans being possessed by spirits.

図版65

胎内形土偶　晩期～弥生 【高 26.7cm】

Tainaigatadogu

中屋敷《なかやしき》遺跡・神奈川県足柄上郡《あしがらかみ》大井町《おおいまち》　個人蔵

写真提供　神奈川県足柄上郡大井町教育委員会

容器型の土偶と呼ばれる。中が中空になっているのが重要な特徴。頭頂部に、2.5㎝× 6.5㎝左右長径の穴が開けられ、体部が容器になっている。底は左右長径の楕円形平底。

この土偶の内部には、頭骨・四肢骨・歯を含む幼児の骨片が入っていたという。そのため、亡くなった幼児を母親の胎内にもどして再生を願う蔵骨器という指摘がある。また、顔の表現が具象的であることから、明確な沈線文を刺青と考える研究者もいる。なお、腹部の文様の構図は、鋳物師屋遺跡から出土している中空土偶に共通する。

類するものは、縄文時代の晩期から弥生時代のはじめにかけて、中部地方を中心に発見されている。

There were infant bones inside the figurine. It was a wish for the rebirth of the infant by returning it into the womb. The decorative patterns at the abdomen are common to illustration No.6.

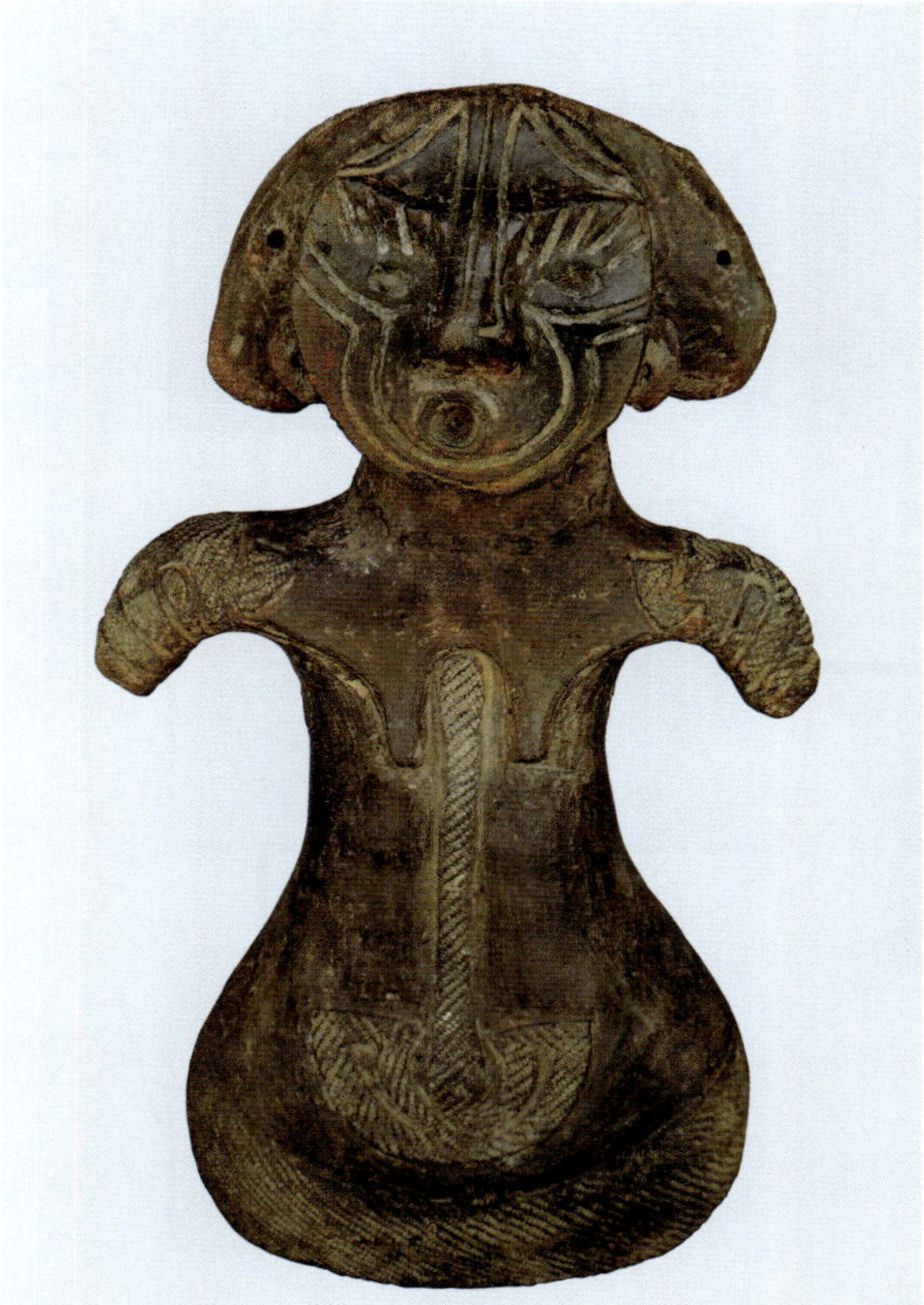

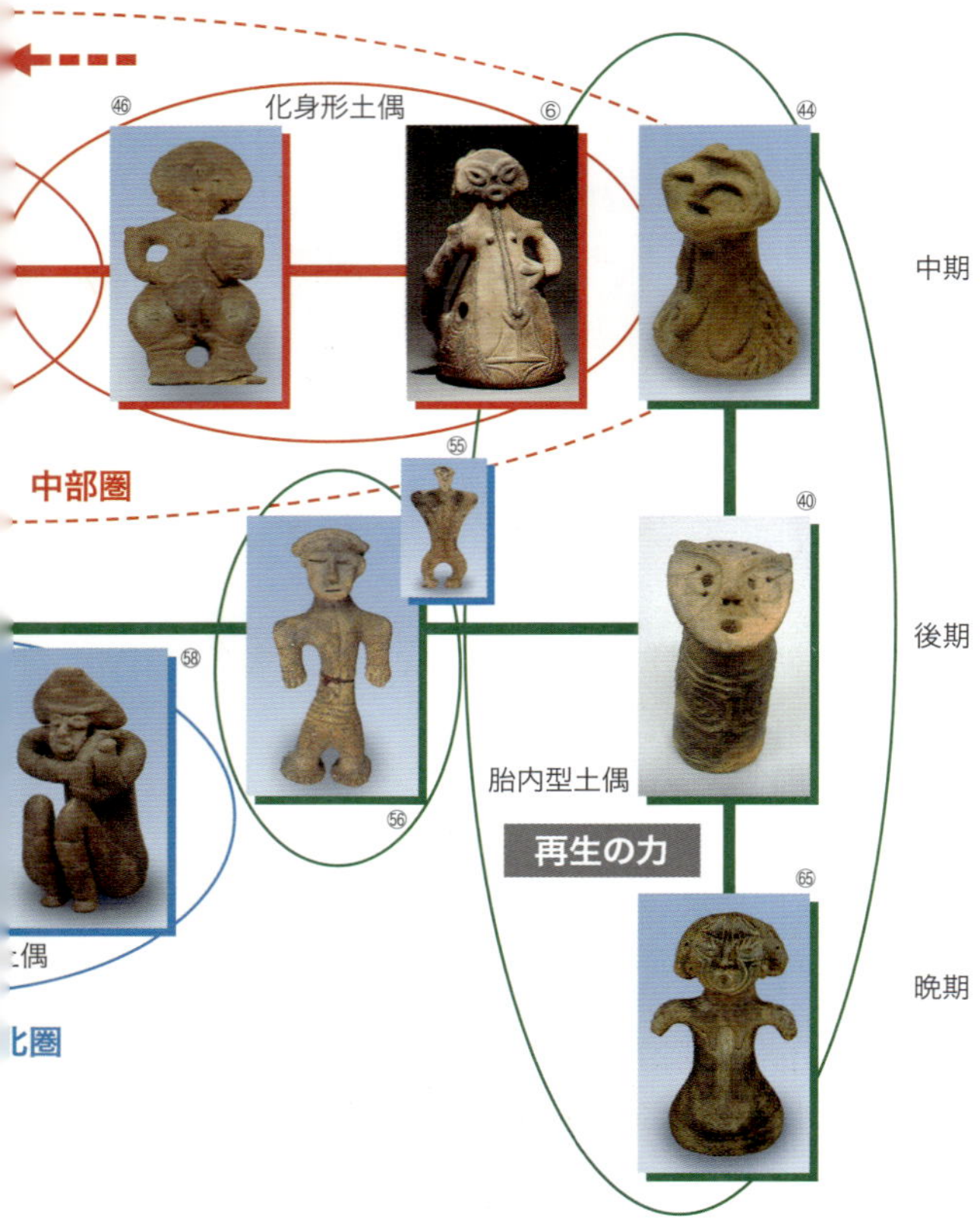

注：○数字は本書での図版番号

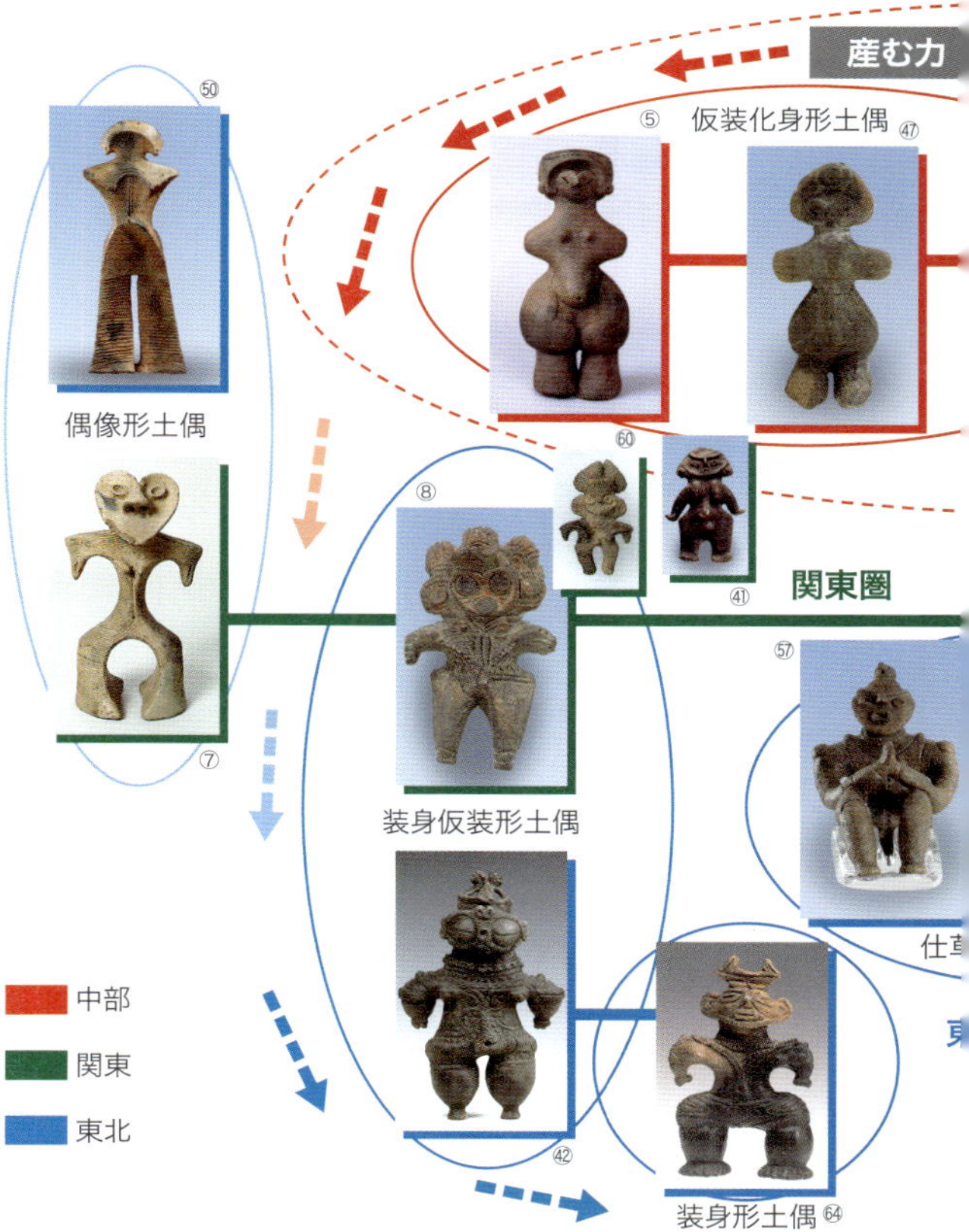

第10図　縄文土偶の分類

IV 縄文に学ぶ

1　東・西の謎　精霊界からの乖離

東・西日本には、生活習慣から味覚までいろいろな違いがあります。気候や植生、さらには大陸からの影響などにその要因が求められてきました。

前章までの説明では、東・西日本の違いにふれましたが、まだ二極化の謎は残ったままです。ここでは、その謎と向き合ってみたいと思います。

はじめに、縄文時代の遺跡の数をもとに人口を割り出した、小山修三《こやましゅうぞう》国立民族学博物館名誉教授の研究成果をみてみましょう（表1）。

縄文時代中期の人口は、東日本が西日本・九州の約26倍となっています。また、西日本に対し、東日本は、中期に急増して後期・晩期に急減、晩期は中期のおよそ4分の1にまで減少しています。なかでも関東・中部は、晩期の人口が中期の10分の1以下にまで激減しています。

	早期	前期	中期	後期	晩期
東北	2,000	19,200	46,700	43,800	39,500
関東	9,700	42,800	95,400	51,600	7,700
北陸	400	4,200	24,600	15,700	5,100
中部	3,000	25,300	71,900	22,000	6,000
東海	2,200	5,000	13,200	7,600	6,600
近畿	300	1,700	2,800	4,400	2,100
中国	400	1,300	1,200	2,400	2,000
四国	200	400	200	2,700	500
九州	1,900	5,600	5,300	10,100	6,300
全国	20,100	105,500	261,300	160,300	75,800

	早期	前期	中期	後期	晩期
東北	0.03	0.29	0.70	0.65	0.59
関東	0.30	1.34	2.98	1.61	0.24
北陸	0.02	0.17	0.98	0.63	0.20
中部	0.10	0.84	2.40	0.73	0.20
東海	0.16	0.36	0.94	0.54	0.47
近畿	0.01	0.05	0.09	0.14	0.07
中国	0.01	0.04	0.04	0.07	0.06
四国	0.01	0.02	0.01	0.14	0.03
九州	0.05	0.13	0.13	0.24	0.15
全国	0.07	0.36	0.89	0.55	0.26

表1　縄文時代の人口（上）と人口密度（下：1km^{2}あたり）（小山・1984）

世界には、人類史上における記録的な災いがあります。それを東日本の縄文時代中期以降の人口激減と比較してみると、世界を震撼させたペストや、文化・社会が壊滅状態になったとされるヨーロッパの天然痘による大量死でも、2割から3割、最大でもフランスの人口が半減したに過ぎません。

小山氏の示した研究成果は、東日本の縄文時代中期を境にした不可解な現象をとらえており、考え方によっては桁《けた》外れの問題提起となります。

さらに、小山氏の縄文時代中期の1㎢あたりの人口密度をみてみましょう。西田《にしだ》正規《まさき》筑波大学名誉教授によると、この数値に示されている西日本の人口密度は、カラハリ砂漠の狩猟採集民族0・06人、熱帯雨林の狩猟採集民族0・5人に等しいかそれ以下であるそうです。さらに、東に多く西に少ない縄文時代の遺跡数の差を、第4紀の火山灰土によって形成された台地地形の違いに合致させ、西日本では生活圏が台地上ではなく扇状地や沖積地にあった可能性を考えるべきではないかと指摘しているのです。

西田氏の指摘は、日本列島の東・西に現れている格差の不自然さと二極化に対する、考古学以外の知見をも加えた根本的な問いかけです。

日本考古学は、近代化に向けた開発工事と伴走しながら発展してきた経歴があります。特に東日本では、台地を削って谷を埋める方法で開発が進められました。その台地上で次々と発見される遺跡の発掘調査が行われ、縄文時代の遺跡は日当たりのよい高台にあるという定説が生まれました。

近年、考古学の進展した成果により、縄文時代後期を過ぎると、遺跡の立地は河川に面した微高地や低段丘面などの川沿いにあり、そこに生活基盤を求める傾向が強いということが分かってきました。「水場遺構」もその代表的な事例の一つです。

長野県松代町《まつしろまち》の千曲《ちくま》川右岸自然堤防上で、地下3mの地層から発見された縄文時代の集落遺跡があります（松原遺跡）。前期の集落は山麓《さんろく》の斜面部、中期と後期は沖積地の自然堤防上で営まれています。

ここから浮かび上がってくるのは、縄文時代中期を境にした東日本の遺跡の激減ではありません。暮らしの場所を台地から離れた水辺へと移したのではないかという、生活領域の変化という視点からの問いかけです。

海に山が迫り、谷に囲まれた水辺は浸食の影響を受けやすく、加えて土砂の堆積が早いために遺跡の発見率が低いのです。

日本列島史上、都市は低地にあります。水上交通を含めた水資源の活用は自然の地の利を選び、社会を大きくしてきました。

西の照葉樹林と東の落葉広葉樹林という、東・西の植生帯や地形などの比較から、縄文時代の生活に東の優位性を指摘する考え方もあります。しかし、人間の雑食性に近いニホンザル1頭あたりの遊動面積をみると、落葉広葉樹林は照葉樹林の8倍であるといいます。

野生動物が自然界から食べ物を得るための必要面積では、西に優位性があります。さらに、魚類をみてみると、西日本の方が淡水魚の種類が多いのです。

また、西日本には東日本のような台地が形成されていませんが、反面、火山活動や火山灰の影響が少ないことになります。日本列島の水や生態系の豊かさと多様性は、東日本特有ではありません。西日本に遺跡が少ない理由として、水辺の生活基盤が東日本と比べて早くに確立していた可能性を考えてもよいのではないでしょうか。

西日本が人間集団の交流をより速く進展させる要因に、大陸の影響と、東日本にはない、古代から海上交通の大動脈として利用された、「多島な瀬戸の内海」という水上交通と人間交流に適した環境があります。

人類史が複雑なのは、自然環境や生活資源に加え、人間同士の交流・文化・技術、社会構造などの人為的要因が思想や価値観に大きな影響力を与えるからです。

人間は人間同士の交流によって、自然界との乖離性を拓《ひら》いてきました。

人間同士の交流の活発化は、人間優先の意識を高め、やがて人間を自然界から離脱させる方向へと導くのです。

　自然界との最も濃密な関係を示すのが関東甲信越地域の中部高地で発達した縄文土器と縄文土偶だったのです。その縄文土偶の進化に現れた「人間化」は、人間社会の変化と拡大に誘発された、自然界との絆《きずな》が解き放たれた、精霊界からの乖離性を示す動向だと考えられるのです。

　ところで、地図で一番幅広く見える千葉県から新潟県にあたる日本列島の中央部に、明治時代にドイツの地質学者、ハインリッヒ・エドムント・ナウマン（Heinrich Edmund NAUMANN）が発見した、日本列島を東・西に分ける「フォッサマグナ」という中央地溝帯が存在します。フォッサマグナの中軸には、箱根・富士・八ヶ岳・浅間・草津白根・妙高・新潟焼山といった火山列が南北に連鎖しています。

　興味深いのは、この火山群の活動が、日本列島のなかでもより活発であるという点と、超人間的な精霊体文様が誕生して発達した、関東甲信越という地域

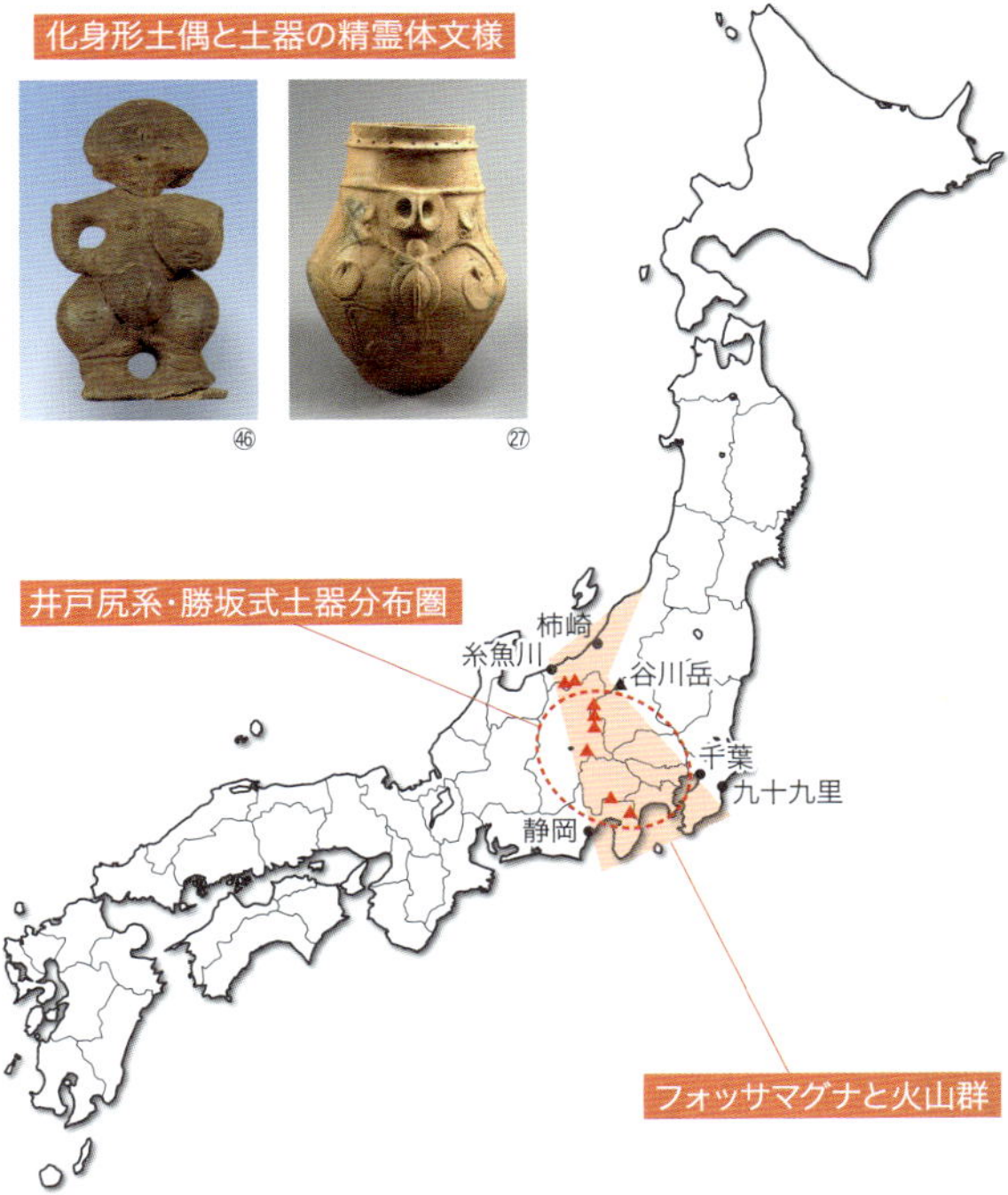

注：○数字は本書での図版番号

第11図　井戸尻系・勝坂式土器群分布圏とフォッサマグナ

と一致している点です。

人知を超越した自然現象を苗床にした畏《おそ》れと敬いに対する世界観を生み出す舞台に相応《ふさわ》しい風土といえます。

西日本はより早く水辺（沖積低地）の生活を築き、東日本は、縄文時代後期から晩期にかけて生活領域を水辺へと移した――。

縄文土器と縄文土偶を窓口にして考える縄文時代の東・西二極化の問題は、人間の生活領域という観点から、日当たりのよい高台に対する水辺という、視点を変えた新たな課題へと導かれるのです。

人間は風土に適応する能力に長《た》けています。そして、人間同士の交流により、集団社会を拡大させる方向へと進化する性質があるのです。

2 「回転縄文」という知恵

「縄」は、植物繊維を主な素材とします。繊維の束を撚《よ》り合わせることで強度が増し、継ぎ足すことで長く伸ばし、撚りと素材の組合せの工夫で強度と太さのバリエーションを生み出しました。さらに縄を織ることで布もできます。最も重要なのは、縄を「撚る」という知恵の現れです。「撚りを加える」ことで自然素材を有益な道具に変えるという新たな可能性を引き出しました。さらに、材料となる繊維を手に入れる方法と、そのための知識と技術も高めました。

縄文の分析は、縄目文様を復原することにより行われます。これまであまり注目されてきませんでしたが、縄は火と並ぶほどの人類史上の画期的な発明です。もしも縄（紐《ひも》・糸）の発明がなかったら、人間の生活は全く違っていたかもしれません。

縄文土器の縄目模様から復原された縄の種類は百数十種類に及びます。縄に対する並々ならぬ関心の高さだけでなく、道具を創造して活用することに対する縄文人の知恵と工夫と創造力の一端を示す証《あかし》となります。

日本列島で最初の縄目文様は、無文→豆粒文→隆起線文→爪形文→多縄文という、草創期の最終段階に位置づけられる土器群を特徴づける文様として登場します。

多縄文系土器群にみる縄目の付け方には、縄の先端や側面を突いたり押しつけたりする方法と、縄を回転させる方法があります。前者を「押圧縄文」、後者を「回転押捺《おうなつ》縄文」と呼びます。前者は、大陸極東のアムール川流域にも類例があることが報告されており、日本列島固有のものではありません。一般的に「縄文」という場合は後者を指します。

世界を見渡しても、類例として稀《まれ》に見かける縄目文様は、縄を巻きつけた板や棒を使って土器面を叩《たた》いて付けた「敲目文《たたきめもん》」がほとんどです。縄を用いてさまざまな文様を表現するという例は世界でも珍しく、複雑に撚り合わせた縄自体を回転させて文様を表す手法は、日本列島内で発生し発達した縄文文化独特のものと考えられます。

縄文土器の回転縄文は、独自性を持つ特殊な手法なのです。

「縄文」は考古学者を悩ませてきました。「縄を回転させること」で作り出された文様であると分かるまでに50年以上（明治10年～昭和6年まで）の歳月を要しています。この謎を解いた山内清男《やまのうちすがお》という著名な考古学者は、縄が「回転して押捺されるにつれて展開し、条の痕が斜行し、次ぎ次ぎ続いて現われ、斜行する条が面をなして広がる」（山内・1979）と、目に浮かぶような説明をしています。縄を回転させて文様にするという手法は、縄という1本の「線」から「面」を生み出す魔法でした。

縄文土器の「縄文」は、日本列島に興味深い足跡を残しています。

東日本に多く西日本に少ないだけではありません。縄文は西日本では縄文時代後期頃から見られなくなります。対照的に、関東では弥生《やよい》時代中期の紀元前後まで、東北では古墳時代以降まで、北海道では中世（室町時代頃）まで土器の文様として残っています。興味深いことに、それは日本列島の西から東へと影響を及ぼした弥生土器の浸透力と重なります。

3　日本列島人の世界観

日本列島には、地震や噴火、津波、台風などの脅威が頻繁に、そして身近におき、四季が繰り返されるという特性があります。

日本人は、自然の神々しさと美しさを和歌や俳句に詠み、言葉で表現して楽しんできました。身の回りに漂う自然界の神秘と息吹《いぶき》を見逃さない。虫や鳥の鳴き声を巧みに表現できるのは、自然界の営みに対する高い意識と観察の積み重ねであり、それが日本語の特徴となり個性となっています。

現代人は自然現象の仕組みを科学的に理解していますが、縄文時代の人々は、人知を超えたできごとに対して何を想い何を感じたのでしょうか。

自然界に満ちた見えない霊気を感じとり、実在と想像を重ねたいろいろな精霊体を創造して意匠化することで、その未知なるものに触れる媒介を求めたのが、関東甲信越地域の縄文人でした。注目されるのは、土器や土偶に表現された神秘的存在が、一つでなく複数であったという点です。そしてそれらは、文様に巧みに組み込まれ、みごとに融合しています。

ちなみに日本人の信仰の一つのかたちとして七福神がありますが、海外の人は違和感を持つらしいのです。七柱の福徳の神様を一艘《そう》の宝船に乗せて御利益を表現し、しかも神様が果たす役割がそれぞれ振り分けられています。それが合わさるとさらに福が増幅するというのですから、世界宗教の常識ではありえないことです。

あらためて考えてみると、日本人の心の底にある神は、八百万神《やおよろずのかみ》という万物に宿る職能神です。何より、選ばれた神が万能の力を持つのではなく、役割分担があり、バランスが保たれています。

共存した存在、それこそが日本列島人の心の源ではないでしょうか。

4　日本列島人の心

日本には、おかしな慣習があります（ありました）。「普段お世話になっているから」、「つまらないものですが」、という挨拶《あいさつ》とともに行われる、「無償の」物のやりとりです。分けてもらったお返しは必ずするという、信頼と相互扶助の約束が根付いているところに重要な意味があります。

現代社会では、人に物を贈るのに、「つまらないものですが」というのは失礼だとする向きもあります。しかし、この「つまらないもの」と一言添える表現は、謙譲と共に、「気軽に受け取ってくださってよいのですよ」、という相手に対する思いやりが込められています。

お互いさまだから、余分にあるもの、自分が使わないものを、「無償で分配する」のです。色々な物を「交換」することに意味があり、Ａさんには不要でもBさんには役立つというように、物の価値を再生します。

恒常的な物々交換の関係が、攻撃性を希薄化し、開かれた人間集団を形成する基盤となり、争い奪い合うことなく、生活品の過不足という問題を解消できる共存社会を成立させていたのです。

日本列島の狭小性と多様性が育《はぐく》んだ和と恵みの知恵といえるでしょう。

日本人の美徳は、自分の周囲に対する配慮と気遣いにあります。「おもてなし」は相手への配慮であり、メイドインジャパンは共存して技術を高め合ってきた中小企業の至宝といえるでしょう。

私たちはいま、縄文時代の人々と同じ土地で暮らしています。

目の前にある山も海も川も、縄文時代の人々が眺めたときと同じ場所にあり、動物も植物も人間も、同じ時の流れのなかにいます。

人間は、地球上において絶対で孤高の存在ではありません。

日本列島の風土に適応しながら縄文という時代を生きた人々は、精霊体を通じた物語を縄文土器と縄文土偶に託し、すべての命は連鎖した絆で結ばれていることを証言しています。

縄文土器と縄文土偶の最大の特徴は、人間社会の権力的象徴物でなく、自然界のなかに存在した、人という命が宿す心の創造物だという点にあります。

時を超えて向き合った時に感じる、懐かしさを含んだ未知とも思える感動は、人の心の底に眠る縄文の世界観が呼び起こすものかもしれません。

参考文献

〔書籍〕

井口直司『縄文土器ガイドブック』新泉社、２０１２年
鵜飼幸雄『国宝土偶「縄文ビーナス」の誕生』新泉社、２０１０年
江坂輝彌『日本の土偶』講談社学術文庫、２０１８年
小林達雄『日本の原始美術１　縄文土器Ⅰ』、講談社、１９７９年
小林達雄『古代史復元３　縄文人の道具』、講談社、１９８８年
小林達雄『縄文の思考』筑摩書房、２００８年
小山修三『縄文時代』中公新書、１９８４年
鈴木公雄『古代史復元２　縄文人の生活と文化』、講談社、１９８８年
勅使河原彰『縄文文化』新日本新書、１９９８年
勅使河原彰『縄文の素顔』白鳥舎、２００３年
勅使河原彰『縄文時代ガイドブック』新泉社、２０１３年
戸沢充則編『縄文時代研究事典』東京堂出版、１９９４年

戸田哲也『縄文』光文社文庫、1991年
西田正規「縄文時代の環境」『岩波講座　日本考古学2』岩波書店、1985年
西田正規『縄文の生態史観』東京大学出版会、1989年
能登健『縄文時代』河出書房新社、2011年
三上徹也『縄文土偶ガイドブック』新泉社、2014年
山内清男『日本先史土器の縄紋』先史考古学会、1979年

〔展示図録〕
釈迦堂遺跡博物館『抽象文土器の世界』2001年
東京国立博物館『土器の造形　縄文の動・弥生の静』2001年
新潟県教育委員会『火焔型土器［新潟県埋蔵文化財図録集Ｉ］』1980年
文化庁他『文化庁海外展 大英博物館帰国記念 国宝 土偶展』ＮＨＫ他、2009年
山梨県立考古博物館『土偶［第1回特別展展示図録］』1983年
山梨県立考古博物館『縄文土器名宝展』2011年

縄文文化に出会えるところ

（２０１８年４月現在）

北海道

ところ遺跡の館	北海道北見市常呂町字栄浦３７１	TEL０１５２（５４）３３９３
函館市縄文文化交流センター	北海道函館市臼尻町５５１－１	TEL０１３８（２５）２０３０
北海道立埋蔵文化財センター	北海道江別市西野幌６８５－１	TEL０１１（３８６）３２３１

青森県

青森県立郷土館	青森県青森市本町２－８－14	TEL０１７（７７７）１５８５
縄文の丘三内まほろばパーク縄文時遊館	青森県青森市三内丸山３０５	TEL０１７（７８１）６０７８
八戸市埋蔵文化財センター是川縄文館	青森県八戸市大字是川字横山１	TEL０１７８（３８）９５１１
弘前市立博物館	青森県弘前市下白銀町１－６（弘前公園内）	TEL０１７２（３５）０７００
八戸市縄文学習館	青森県八戸市大字是川字中居３－１	TEL０１７８（９６）１４８４
野辺地町立歴史民俗資料館	青森県上北郡野辺地町字野辺地１－３	TEL０１７５（６４）９４９４
つがる市森田歴史民俗資料館	青森県つがる市森田町森田月見野３４０－２	TEL０１７３（２６）２２０１

秋田県

秋田県立博物館	秋田県秋田市金足鳰崎字後山52	TEL０１８（８７３）４１２１

岩手県

岩手県立博物館	岩手県盛岡市上田字松屋敷34	TEL 019(661)2831
御所野縄文博物館	岩手県二戸郡一戸町岩舘字御所野2	TEL 0195(32)2652
盛岡市遺跡の学び館	岩手県盛岡市本宮字荒屋13-1	TEL 019(635)6600

宮城県

仙台市博物館	宮城県仙台市青葉区川内26(仙台城三の丸跡)	TEL 022(225)3074
奥松島縄文村歴史資料館	宮城県東松島市宮戸字里81-18	TEL 0225(88)3927
七ヶ浜町歴史資料館	宮城県宮城郡七ヶ浜町境山2-1-12	TEL 022(365)5567

新潟県

新潟県埋蔵文化財センター	新潟県新潟市秋葉区金津93-1	TEL 0250(25)3981
新潟県立歴史博物館	新潟県長岡市関原町1丁目字権現堂2247-2	TEL 0258(47)6130
十日町市博物館	新潟県十日町市西本町1-382-1	TEL 025(757)5531
長岡市馬高縄文館	新潟県長岡市関原町1-3060-1	TEL 0258(46)0601
長岡市立科学博物館	新潟県長岡市幸町2-1-1 さいわいプラザ内	TEL 0258(32)0546

山形県

山形県立博物館	山形県山形市霞城町1－8（霞城公園内）	TEL 023（645）1111

山梨県

釈迦堂遺跡博物館	山梨県笛吹市一宮町千米寺764	TEL 0553（47）3333
ふるさと文化伝承館	山梨県南アルプス市野牛島2727「湧暇李の里」内	TEL 055（282）7408
北杜市考古資料館	山梨県北杜市大泉町谷戸2414	TEL 0551（20）5505
山梨県立考古博物館	山梨県甲府市下曽根町923	TEL 055（266）3881
坂井考古館	山梨県韮崎市藤井町坂井780	TEL 0551（22）4270

長野県

北相木村考古博物館	長野県南佐久郡北相木村2744	TEL 0267（77）2111
浅間縄文ミュージアム	長野県北佐久郡御代田町大字馬瀬口1901－1	TEL 0267（32）8922
井戸尻考古館	長野県諏訪郡富士見町境7053	TEL 0266（64）2044
岡谷美術考古館	長野県岡谷市中央町1－9－8	TEL 0266（22）5854
茅野市尖石縄文考古館	長野県茅野市豊平4734－132	TEL 0266（76）2270

群馬県		
中之条町歴史と民俗の博物館「ミュゼ」	群馬県吾妻郡中之条町大字中之条町947－1	TEL 0279（75）1922
群馬県埋蔵文化財調査センター発掘情報館	群馬県渋川市北橘町下箱田784－2	TEL 0279（52）2511
群馬県立歴史博物館	群馬県高崎市綿貫町992－1	TEL 027（346）5522
栃木県		
那須野が原博物館	栃木県那須塩原市三島5－1	TEL 0287（36）0949
茨城県		
上高津貝塚ふるさと歴史の広場	茨城県土浦市上高津1843	TEL 029（826）7111
千葉県		
市立市川考古博物館	千葉県市川市堀之内2－26－1	TEL 047（373）2202
松戸市立博物館	千葉県松戸市千駄堀671	TEL 047（384）8181
国立歴史民俗博物館	千葉県佐倉市城内町117	TEL 043（486）0123
千葉市立加曽利貝塚博物館	千葉県千葉市若葉区桜木8－33－1	TEL 043（231）0129

東京都		
八王子市郷土資料館	東京都八王子市上野町33	TEL 042(622)8939
明治大学博物館	東京都千代田区神田駿河台1－1 アカデミーコモン地階	TEL 03(3296)4448
東京国立博物館	東京都台東区上野公園13－9	TEL 03(5777)8600
東京都埋蔵文化財センター	東京都多摩市落合1－14－2	TEL 042(373)5296
福井県		
若狭三方縄文博物館	福井県三方上中郡若狭町鳥浜122－12－1	TEL 0770(45)2270
石川県		
石川県埋蔵文化財センター	石川県金沢市中戸町18－1	TEL 076(229)4477
真脇遺跡縄文館	石川県鳳珠郡能登町字真脇48－100	TEL 0768(62)4800
奈良県		
奈良県立橿原考古学研究所附属博物館	奈良県橿原市畝傍町50－2	TEL 0744(24)1185
奈良国立博物館	奈良県奈良市登大路町50	TEL 050(5542)8600

愛知県

南山大学人類学博物館	愛知県名古屋市昭和区山里町18	TEL 052（832）3147

大阪府

大阪歴史博物館	大阪府大阪市中央区大手前4－1－32	TEL 06（6946）5728

兵庫県

兵庫県立考古博物館	兵庫県加古郡播磨町大中1－1－1	TEL 079（437）5589
辰馬考古資料館	兵庫県西宮市松下町2－28	TEL 0798（34）0130

岡山県

倉敷考古館	岡山県倉敷市中央1－3－13	TEL 086（422）1542

徳島県

徳島市立考古資料館	徳島県徳島市国府町西矢野字奥谷10－1	TEL 088（637）2526

鹿児島県

鹿児島県上野原縄文の森	鹿児島県霧島市国分上野原縄文の森1－1	TEL 0995（48）5701

目次写真所蔵先

井戸尻系土器　津金御所前遺跡・山梨県北杜市　北杜市教育委員会所蔵
仮装化身形土偶　棚畑遺跡・長野県茅野市　茅野市尖石縄文考古館所蔵（国宝）
勝坂式土器　林王子遺跡・神奈川県厚木市　厚木市教育委員会所蔵
仮装化身形土偶　坂井遺跡・山梨県韮崎市　坂井考古館所蔵
小形土偶　諏訪原遺跡・山梨県北杜市　北杜市教育委員会所蔵

章扉写真所蔵先

Ⅰ　蛇体文付小形鉢　下原遺跡・長野県諏訪郡富士見町　井戸尻考古館所蔵
Ⅱ　馬高式土器　笹山遺跡・新潟県十日町市　十日町市博物館所蔵（国宝）
Ⅲ　装身仮装形土偶　手代森遺跡・岩手県盛岡市　岩手県立博物館提供（重文）
Ⅳ　仮装形土偶　中ッ原遺跡・長野県茅野市　茅野市尖石縄文考古館所蔵（国宝）

（敬称略）
本文デザイン　山下武夫（クラップス）
ＤＴＰ　クラップス
英文作成　上原健弥（東久留米市郷土資料室学芸員、明治大学・ボストン大学卒業。考古学専攻）
英文校正　サイモン・シドオ（オフィス宮崎）
写真協力　小川忠博　スソアキコ
図版製作　村松明夫

縄文土器《じようもんどき》・土偶《どぐう》

井口直司《いぐちなおし》

平成30年 6月25日　初版発行
平成30年 8月20日　再版発行

発行者●郡司 聡

発行●株式会社KADOKAWA
〒102-8177　東京都千代田区富士見2-13-3
電話 0570-002-301（ナビダイヤル）

角川文庫 21008

印刷所●株式会社暁印刷　製本所●本間製本株式会社

表紙画●和田三造

ISBN978-4-04-400404-0　C0121

角川文庫発刊に際して

角川源義

第二次世界大戦の敗北は、軍事力の敗北であった以上に、私たちの若い文化力の敗退であった。私たちの文化が戦争に対して如何に無力であり、単なるあだ花に過ぎなかったかを、私たちは身を以て体験し痛感した。西洋近代文化の摂取にとって、明治以後八十年の歳月は決して短かすぎたとは言えない。にもかかわらず、近代文化の伝統を確立し、自由な批判と柔軟な良識に富む文化層として自らを形成することに私たちは失敗して来た。そしてこれは、各層への文化の普及滲透を任務とする出版人の責任でもあった。

一九四五年以来、私たちは再び振出しに戻り、第一歩から踏み出すことを余儀なくされた。これは大きな不幸ではあるが、反面、これまでの混沌・未熟・歪曲の中にあった我が国の文化に秩序と確たる基礎を齎らすためには絶好の機会でもある。角川書店は、このような祖国の文化的危機にあたり、微力をも顧みず再建の礎石たるべき抱負と決意とをもって出発したが、ここに創立以来の念願を果すべく角川文庫を発刊する。これまで刊行されたあらゆる全集叢書文庫類の長所と短所とを検討し、古今東西の不朽の典籍を、良心的編集のもとに、廉価に、そして書架にふさわしい美本として、多くのひとびとに提供しようとする。しかし私たちは徒らに百科全書的な知識のジレッタントを作ることを目的とせず、あくまで祖国の文化に秩序と再建への道を示し、この文庫を角川書店の栄ある事業として、今後永久に継続発展せしめ、学芸と教養との殿堂として大成せんことを期したい。多くの読書子の愛情ある忠言と支持とによって、この希望と抱負とを完遂せしめられんことを願う。

一九四九年五月三日